ABNEHMEN MIT lowcarb.de

LOW CARB

Tschüss, Bauchfett!

Wie du mit simplen Fatburner-Tricks erfolgreicher am Bauch abnimmst

1. Auflage | falkemedia GmbH & Co. KG

falkemedia

Wir begeistern Menschen.

VORWORT

Erfolgreicher abnehmen

LIEBE LESER*INNEN,
Bauchfett ist ein Risikofaktor für viele Krankheiten. Doch wie kannst du erfolgreich und langfristig dagegen vorgehen und gleichzeitig auf nichts verzichten? Die Lösung lautet: LOW CARB!

Unser Expert*innen-Team von **lowcarb.de** hat sich intensiv mit der Reduktion von – vor allem innerem – Bauchfett durch eine kohlenhydratarme Ernährung beschäftigt. Das Resultat ist dieses wertvolle Kochbuch. Mit **100 sorgfältig entwickelten Low Carb-Rezepten und simplen Tricks gegen Bauchfett** unterstützen wir dich dabei, eine richtige Wohlfühl-Ernährung in deinen vollgepackten Alltag zu bringen und dein Leben so länger und gesünder zu machen.
Das Clevere an unserer **Abnehm-Strategie** ist die Auswahl der Lebensmittel. Bei uns kommen nur Schlank-Zutaten in den Topf, die Pfanne oder den Ofen, die dir und deinem Bauch gut tun. Erfahre, welche das sind und wie du sie am besten zubereitest, um deinen Körper wieder in Balance zu bringen.
Genieße köstliche Mahlzeiten und **iss dich wirklich satt**! Die Rezepte sind einfach und **ruck, zuck gemacht**, weil sie sich auf die wichtigsten Zutaten beschränken, die du in jedem Supermarkt bekommst, und mit wenigen Zubereitungsschritten auskommen.

Viel Erfolg und Gesundheit wünscht dir
DEIN lowcarb.de-TEAM

INHALT

ABNEHMEN MIT LOWCARB.DE

Wie du mit der lowcarb.de-App stressfrei deine persönlichen Ziele erreichst, erfährst du ab Seite 166.

V – **VEGAN**

VEG – **VEGETARISCH**

LAC – **LAKTOSEFREI**

GLU – **GLUTENFREI**

EASY Besonders einfache Rezepte mit wenigen Zutaten

Für ein längeres Leben

GUTES BAUCHGEFÜHL

Was das Gefährliche an Bauchfett ist und mit welchen Tricks du für eine schlankere, gesündere Körpermitte sorgen kannst, erfährst du hier

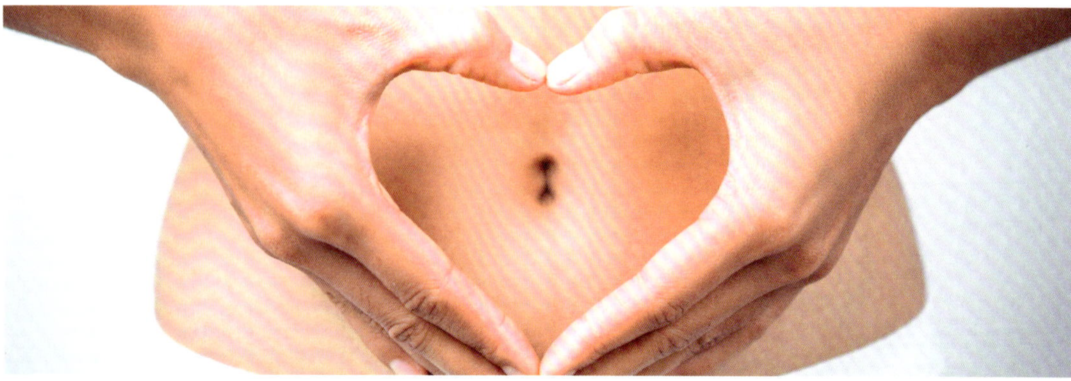

Wobei hilft Low Carb?

Bauchfett ist ein Risikofaktor für viele Krankheiten. Doch wie kannst du erfolgreich und langfristig dagegen vorgehen und gleichzeitig auf nichts verzichten? Die Antwort lautet: LOW CARB! Das Clevere dabei ist die Auswahl der Lebensmittel. Worauf du achten musst, erfährst du jetzt!

WAS MACHT BAUCHFETT SO GEFÄHRLICH?

- **Bauchfett wird oft verharmlost, im Scherz sogar „Bier"-Muskel genannt und deswegen nicht ernst genug genommen.**
- **Das Risiko für Herz-Kreislauf-Erkrankungen wie Schlaganfälle, Herzinfarkte und Bluthochdruck, aber auch Diabetes Typ 2 und wohl sogar für bestimmte Krebsarten, ist stark erhöht.**
- **Bauchfett kann außerdem chronische Entzündungen hervorrufen.**

Wo liegt der Unterschied zwischen innerem und äußerem Fett?

Man unterscheidet subkutanes und viszerales Fett. Subkutanes Fettgewebe (auch Unterhautfettgewebe) ist von außen sichtbar und fühlbar, zum Beispiel an den Oberschenkeln oder am Po, aber eben auch am Bauch. Es ist ein passives Gewebe und dient dem Körper als Energiespeicher für schlechte Zeiten. Viszeralfett hingegen sitzt tief in der Bauchhöhle und umschließt die inneren Organe im Bauchraum wie Magen, Darm und Leber. Es ist von außen nicht spürbar, mitunter ist es noch von Unterhautfettgewebe bedeckt. Der Bauch ist fest und nach vorn gewölbt. Dieses innere Bauchfett ist ein stoffwechselaktives Gewebe und setzt zahlreiche Stoffe frei – etwa Botenstoffe, die Entzündungen fördern, und Fettsäuren und Hormone, die den Insulinspiegel beeinflussen. Die Formel ist simpel: je mehr Bauchfett, desto mehr Botenstoffe, desto höher das Risiko für verschiedene Krankheiten.

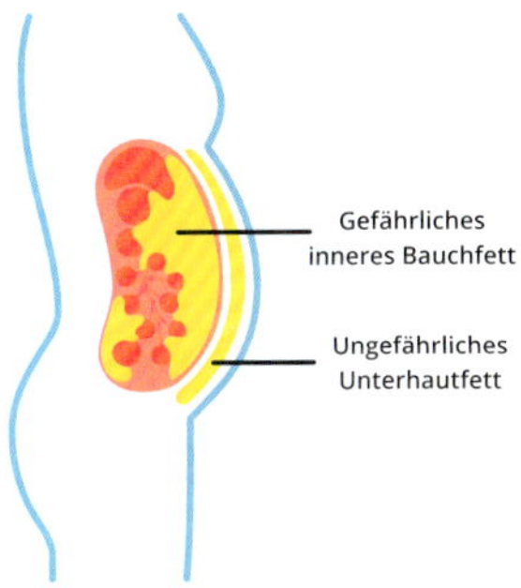

Bin ich betroffen?

Aus medizinischer Sicht haben Frauen mit einem Bauchumfang von über 80 cm und Männer mit einem Bauchumfang von mehr als 94 cm ein erhöhtes Gesundheitsrisiko. So wird gemessen: Lege ein Maßband auf Höhe des Bauchnabels an, atme entspannt aus und miss dann den Umfang. Am besten machst du das morgens, nach der Toilette und vor dem Frühstück. Achtung: Auch schlanke Menschen können zu viel inneres Bauchfett und im Verhältnis dazu zu wenig Muskelmasse haben. Ausführliche Tests bei deiner Ärztin verschaffen dir Klarheit. Generell sind Männer etwas häufiger als Frauen betroffen. Das liegt am Körperbau: Das männliche Hormon Testosteron fördert offenbar die Bildung eines Apfel-Körpertypen mit viel Fett am Bauch. Das weibliche Hormon Östrogen hingegen begünstigt eher den Birnen-Typ. Das ist der Grund, warum viele Frauen bis zu den Wechseljahren eher an Hüften, Po und Oberschenkeln als am Bauch zunehmen. Danach jedoch kehrt sich das um und Frauen legen auch am Bauch zu.

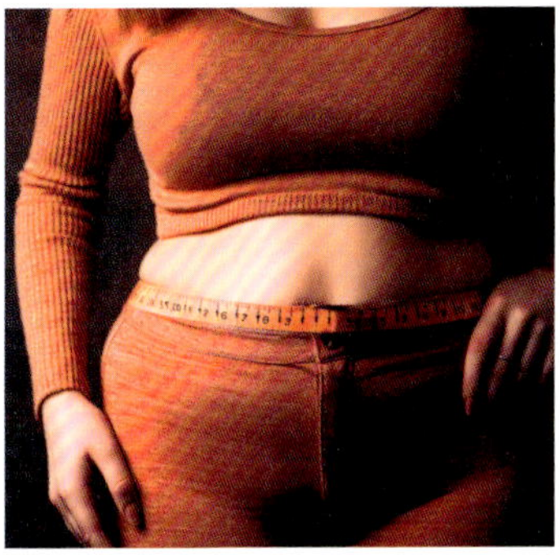

Was sind die Ursachen für Bauchfett?

Hauptursachen für zu viel Bauchfett sind eine schlechte Ernährung, vor allem ein Übermaß an Kohlenhydraten und Zucker, sowie Bewegungsmangel. Die gute Nachricht: Das Fett kann relativ schnell abgebaut werden. Wir helfen dir auf den folgenden Seiten mit leckeren, effektiven Fatburner-Rezepten und jeder Menge Tipps und Tricks für den Alltag.

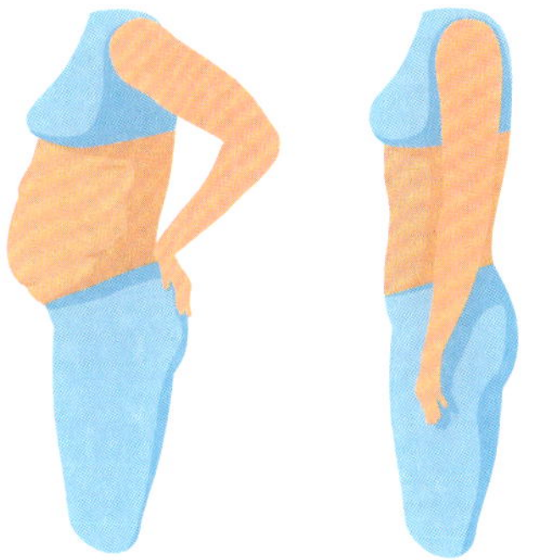

Trick 1: Fatburner-Lebensmittel

Diese Zutaten können dabei helfen, die Fettverbrennung zu unterstützen und den Stoffwechsel anzukurbeln:

- Mageres Protein aus Geflügel, Fisch, Tofu und Hülsenfrüchten hilft beim Muskelerhalt und kurbelt den Stoffwechsel an.
- Gemüse wie Brokkoli, Spinat, Grünkohl und Paprika sind kalorienarm und ballaststoffreich, was das Sättigungsgefühl fördert und den Stoffwechsel unterstützt.
- Ungesättigte Fette, wie sie in Avocado, Nüssen, Samen und Olivenöl stecken, sind wichtig für die Aufnahme fettlöslicher Vitamine und die Regulierung des Blutzuckerspiegels.
- Einige Gewürze wie Ingwer und Cayennepfeffer können den Stoffwechsel anregen.
- Profi-Trick: grüner Tee. Er wirkt wahre Wunder bei deinem Abnehmvorhaben.

BESSER FETT VERBRENNEN

Wieso eine gesunde Leber und ein Darm in Balance bei der effektiven Fettverbrennung helfen

Trick 2: Leber entlasten

Die sogenannte „nicht-alkoholische Fettleber" tritt auf, wenn sich Fett in der Leber ansammelt, aber kein erhöhter Alkoholkonsum vorliegt. Diese Krankheit ist mit einer ungesunden Ernährung, Übergewicht und anderen metabolischen Erkrankungen wie Diabetes und Insulinresistenz verbunden. Die Fettleber kann häufig symptomfrei verlaufen, insbesondere in den frühen Stadien. Bei fortschreitender Erkrankung können jedoch Müdigkeit, Bauchschmerzen oder Unwohlsein auftreten. Bei Verdacht auf eine Fettleber solltest du eine Ärztin aufsuchen, die eine genaue Diagnose stellt und entsprechende Maßnahmen empfehlen kann.
Um deine Leber zu entlasten, empfehlen wir folgende Lebensmittel:

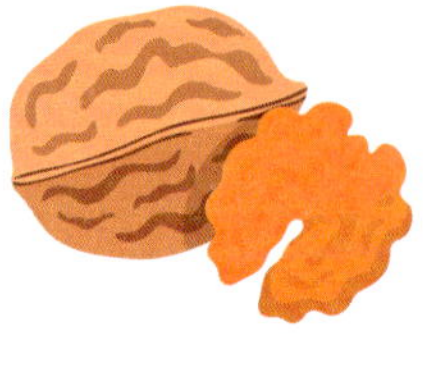

- Obst wie Blaubeeren, Himbeeren, Kiwis und Avocado
- Gemüse wie Salate, Bohnen, Linsen, Rote Bete, Paprika, Karotten, Tomaten, Kürbis, Fenchel, Radieschen, Pilze, Sauerkraut und Spargel
- Fette und Öle wie Leinöl, Olivenöl und Walnussöl
- Nüsse und Samen wie Mandeln, Cashews, Walnüsse, Haselnüsse sowie Sesam-, Chia-, Floh- und Leinsamen
- Fisch und Meeresfrüchte wie Lachs, Makrele, Thunfisch, Hering und Krabben
- magere Wurst und Fleisch wie das von Geflügel
- Eier in allen Varianten
- Magerquark, Buttermilch, körniger Frischkäse, Frischkäse, Mozzarella und Naturjoghurt

Trick 3: Bitterstoffe

Es gibt viele Hinweise darauf, dass Bitterstoffe einen positiven Einfluss auf die Verringerung beziehungsweise Vorbeugung von innerem Bauchfett haben. Bitterstoffe regen unter anderem die Produktion und Freisetzung von Gallensaft an. Die Galle ist wichtig für die Verdauung von Fetten und die Aufnahme fettlöslicher Vitamine. Zudem minimieren sie die Lust auf Süßes und regen die Verdauungsenzyme an. Besonders viele Bitterstoffe enthalten Artischocken, Chicorée, Löwenzahnblätter, Rucola, Grapefruit und bittere Kräuter wie Wermut. Es ist ratsam, vor der Einnahme von Bitterstoffen oder Nahrungsergänzungsmitteln Rücksprache mit einer Ärztin zu halten, insbesondere bei bestehenden Lebererkrankungen oder anderen Gesundheitsproblemen.

Trick 4: Die richtige Ernährung

Ernähre dich ausgewogen und frisch und verzichte möglichst auf zugesetzten Zucker, denn dieser fördert die Einlagerung von Fett. Mit einer Crash-Diät ist es hier leider nicht getan, sondern eine langfristige Ernährungsumstellung sollte dein Ziel sein. Eine einfache Low Carb-Ernährung wird dir dabei helfen. Wie du sie so in den Alltag integrierst, dass du langfristig am Bauch und anderen Körperregionen abnehmen kannst, erfährst du ab Seite 12. Wenn du doch Kohlenhydrate zu dir nimmst, dann wähle „gute Carbs", die in Vollkornprodukten stecken. Setze außerdem auf sättigende Proteine und Ballaststoffe und gute Fette, zum Beispiel aus Fisch, Avocado und Pflanzenölen.

Was sollte ich trinken?

Trinke reichlich Wasser oder ungesüßte Tees. Säfte und Alkohol enthalten viele Kalorien und Zucker und fördern Übergewicht – darauf solltest du also besser verzichten.

Trick 5: Sport?

Die Antwort gen Bauchfett ist ein klares: „Ja!". Sport baut Muskeln auf und die verbrennen Fett. Bewege dich daher mehrmals in der Woche, idealerweise schaffst du außerdem täglich 10 000 Schritte. Auf Seite 162 findest du ein kleines, aber gezieltes 7-Minuten-Workout für zu Hause, mit dem du in Rekordzeit viel fitter werden kannst.

Trick 6: Was hilft noch?

Bitte kein Stress! Versuche, Stress im Alltag zu reduzieren. Dauerstress behindert das Abnehmen. Achte auch auf ausreichend Schlaf, ideal sind sieben bis acht Stunden pro Nacht.

TRICK 7: WOHLFÜHLORGAN DARM

Zu einem guten Bauchgefühl gehört auch, dass der Darm in Balance ist. Der Darm ist das größte innere Organ des Menschen – seine Fläche ist insgesamt fast so groß wie zwei Tennisfelder. Er bearbeitet alles, was du zu dir nimmst, und sorgt dafür, dass Nährstoffe weiterverarbeitet und vom Körper aufgenommen werden. Er sorgt für die Verdauung und damit für die Energiezufuhr deines Körpers und spielt darüber hinaus eine entscheidende Rolle für dein Immunsystem: Drei Viertel der menschlichen Abwehrzellen befinden sich im Darm. Mit unseren Lebensgewohnheiten machen wir ihm den Job nicht gerade leicht. Zu wenig Bewegung, zu viel Stress, dazu Alkohol und ungesundes Essen führen zu Sodbrennen, Verstopfung und anderen Beschwerden. Um ihm zu helfen, sind reichlich Gemüse samt Vitaminen und Ballaststoffen gefragt. Um die Darmflora zu fördern, kannst du auch nützliche Darmbakterien direkt verspeisen – zum Beispiel Milchsäurebakterien. Sie kommen in Joghurt, Kefir oder Sauerkraut vor. Pflanzeninhaltsstoffe aus Nüssen oder Beeren fördern das Wachstum von Bifidobakterien, die ebenfalls ein wichtiger Bestandteil der Darmflora sind. Wenn du deinem Darm etwas Gutes tun möchtest, findest du ab Seite 114 hilfreiche Rezeptideen.

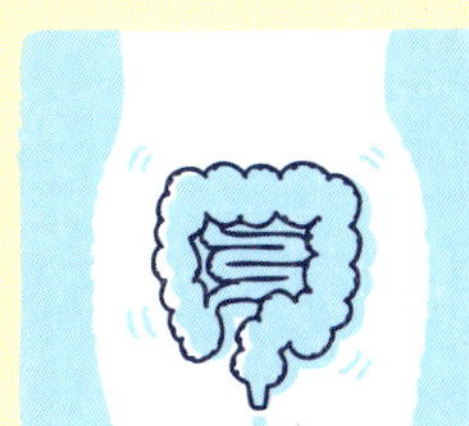

Keep it simple

30 LOW CARB-TIPPS

So klappt's mit der Low-Carb-Ernährung: Hier sind die wichtigsten Kniffe und Lebensmittel, mit denen du deinen Alltag easy gestaltest

1 SETZE AUF PFLANZLICHES EIWEISS

Wer auf Pasta, Brot und andere kohlenhydratreiche Sättigungsbeilagen verzichtet, gerät schnell in Versuchung, mehr Fleisch zu essen. Langfristig gesehen solltest du häufiger pflanzliches Eiweiß aufnehmen, da dieses im Vergleich zu tierischen Proteinquellen besonders viele Ballaststoffe enthält. Sie sättigen lang anhaltend und bringen den Stoffwechsel zusätzlich in Schwung.

2 HAB GEDULD

Eine Ernährungsumstellung ist nicht einfach! Gib dir und deinem Körper die Zeit, die es braucht, um sich umzustellen. Das gelingt am besten, indem du zu Beginn erst einmal nur eine Mahlzeit pro Tag durch Low Carb ersetzt. Am besten mittags oder abends.

3 NIMM DIR ZEIT

Iss aufmerksam, langsam und mache nichts nebenher. So spürst du viel schneller, ob du satt bist, und bleibst es auch länger!

4 TRINKE VIEL

Wasser ist immer erlaubt. Davon kannst du trinken, so viel du magst. Für mehr Abwechslung sorgt „Infused Water": Wasser in eine Karaffe füllen und mit frischen Kräutern wie Minze, Zitronen oder Ingwerscheiben und Früchten aromatisieren.

5 VORRÄTE ANLEGEN

Du kannst größere Mengen an Low Carb-Gerichten vorkochen und einfrieren. So hast du immer eine Portion zur Hand, wenn du hungrig bist!

6 NOTFALL-SNACKS

Habe gesunde Kleinigkeiten wie Low Carb-Energiebällchen oder Nüsse & Co. vorrätig. Nüsse versorgen den Körper mit reichlich Proteinen und gesunden Fetten, die den Stoffwechsel in Schwung bringen. Ideal zum Snacken! Am besten geeignet sind Macadamianüsse, Mandeln, Paranüsse, Pekannüsse, Pinienkerne und Walnüsse.

7 SÜSSE SNACKS

Für deine Low Carb-Ernährung bereitest du am besten selbst etwas gegen den Heißhunger auf Süßes vor. Unser Favorit: etwas Obst mit selbst gemachtem Mandelmus. Das ist eine Nascherei mit deutlich weniger Zucker und Kalorien als beispielsweise ein Schokoriegel.

8 DER KAFFEE-TRICK

Das schwarze Heißgetränk ist ein Geheimtipp gegen Heißhunger! Trinke einfach eine Tasse starken, ungesüßten Espresso und schon ist die Heißhungerattacke vorbei. Eine Prise Zimt verstärkt die Wirkung.

9 MEHL CLEVER ERSETZEN

Weizenmehl ist in der Low Carb-Ernährung fehl am Platz. Du kannst es durch andere Mehle ersetzen.

100 g Weizenmehl entsprechen in etwa:

- 75 g Kichererbsenmehl
- 50 g Kokosmehl
- 100 g Kürbiskernmehl
- 90 g Leinsamenmehl
- 50 g Mandelmehl
- 75 g Sojamehl
- 100 g Süßlupinenmehl

10 OBST IST ERLAUBT

Dazu zählen Aprikosen, Kiwis, Orangen, Wassermelone und Papaya. Und natürlich Beeren! Sie sind wie geschaffen für Low Carb, weil sie wenig Zucker und Stärke enthalten, dafür reich an Antioxidantien sind.

11 SÜNDEN ERLAUBT

Wer sich immer alles verkneift, greift irgendwann doppelt zu. Deshalb sind ab und zu kleine Naschereien erlaubt – aber wenn, dann direkt im Anschluss an das Mittagessen. So steigt dein Blutzuckerspiegel weniger stark an und Heißhunger bleibt aus!

12 BRÜHE ALS ZWISCHENMAHLZEIT

Heiße Gemüsebrühe stillt Hunger und Durst kohlenhydratarm. Anstelle von Pulver oder Brühwürfel verwendest du die selbst gemachte Gewürzpaste aus unserem Buch „Low Carb für Mamas". Davon einfach 1–2 TL in 500 ml heißes Wasser rühren – fertig!

13 LOW CARB-BROT

Backe dein Brot am besten selbst! Im Supermarkt sind viele Eiweißbrote gar nicht Low Carb. Du kannst es auch vorbacken, in Scheiben schneiden und einfrieren. So kannst du es bei Bedarf rasch auftoasten.

14 PIMP YOUR SALAD

Salat ist super geeignet für ein leichtes Mittagessen oder eine Büromahlzeit. Greife zu einer bunten Mischung aus Blattsalaten und Gemüse. Rucola enthält sogar Bitterstoffe, die den Heißhunger reduzieren! Je mehr leckere Extras du in deinen Salat gibst, desto weniger wirst du das Brot dazu vermissen. Als Topping geeignet sind zum Beispiel Käse, Eier, Oliven, Schinken oder Thunfisch.

15 ALLES KÄSE

Bei Käse musst du keine unnötigen Kohlenhydrate befürchten und darfst dich gerne üppig bedienen. Parmesan, Mozzarella oder Gouda sind perfekt für Low Carb.

16 PIZZABODEN AUS KÄSE

Du kannst deine Lieblingspizza mit Low Carb-Boden zubereiten. Dafür 1 Ei, 60 g Quark, 70 g geriebenen Gratinkäse, 1 Msp. Trockenhefe, 1 Prise Salz und etwas frisch geriebene Muskatnuss vermengen. Masse auf Blech mit Backpapier verteilen, 15 Minuten vorbacken. Dann nach Belieben belegen und 10–15 Minuten zu Ende backen.

17 POWER AUS EIERN

Eier zählen zu den wichtigsten Zutaten der Low Carb-Ernährung, denn sie enthalten jede Menge wertvolle Proteine. Hiervon solltest du also immer einen Vorrat zu Hause haben.

18 GEMEINSAM

Suche dir am besten eine Freundin, die ebenfalls gesünder leben möchte. Haltet euch gegenseitig über eure Erfolge auf dem Laufenden, das motiviert und ihr bleibt gemeinsam leichter dabei!

19 FINDE DEINE LIEBLINGS-LEBENSMITTEL

Bei Stress solltest du immer ein gesundes Happy-Food-Rezept parat haben, also Zutaten, die dir auch ohne viel Zucker gut schmecken und glücklich machen.

20 GEMÜSECHIPS

In hauchdünne Scheiben geschnittenes, gebackenes Gemüse ist die perfekte Alternative zu Kartoffelchips. Der Crunch-Effekt von Rote Bete, Pastinake, Karotte & Co. hilft, den Heißhunger auf den salzigen Snack zu stillen. Gewürze wie Pfeffer, Paprika und Curry sind erlaubt, auch Kräuter bringen Aroma.

21 MEIDE ZUCKERFALLEN

Ketchup, Barbecuesauce oder gekaufte Salatdressings liefern auch in kleinen Mengen viele Kohlenhydrate. Würze lieber mit gutem Öl, Essig oder Zitronensaft und greife zu Senf. Du findest tolle Rezepte für Low-Fat-Mayo oder Low Carb-Ketchup in deiner lowcarb.de-App!

22 ERSATZPRODUKTE

Low Carb-Puderzucker zum Bestäuben von Waffeln, Nudeln ohne Kohlenhydrate, selbst Low Carb-Alkohol gibt es in vielen Supermärkten bereits fertig zu kaufen. Mache es dir so einfach wie möglich!

23 LANGE INHALTSSTOFFLISTEN

Produkte, auf deren Zutatenliste viele Inhaltsstoffe stehen, solltest du meiden. Grundsätzlich gilt: Was weit vorn steht, ist reichlich enthalten. Sind Zucker, Stärke, Weißmehl oder gehärtetes Pflanzenfett unter den ersten fünf Angaben, lieber Finger weg!

24 NUTZE WOCHENPLÄNE

Mit deren Hilfe musst du nicht zu viel über deine Mahlzeiten nachdenken. Sie helfen dir dabei, täglich die richtige Menge an Kohlenhydraten zu dir zu nehmen, liefern Inspiration, wenn du mal keine Idee hast, und sind die beste Vorsorge gegen Heißhunger. Du findest ab Seite 158 bereits deinen fertig zusammengestellten 7-Tage-Plan. Oder schaue einfach in unserer App nach. Dort findest du zahlreiche Wochenpläne zu unterschiedlichen Themen wie „vegetarisch" oder „Keto". Auch auf lowcarb.de wirst du sicher fündig!

25 NÄHRWERT-CHECK

Bei verarbeiteten Lebensmitteln solltest du dir die Zeit nehmen, Kohlenhydrat- beziehungsweise Zuckergehalt pro Portion zu prüfen, bevor du sie in deinen Einkaufswagen legst. Tipp: Zur Sicherheit auch nach süßen Verwandten wie Honig, Ahornsirup, Agavendicksaft sowie Zuckerersatzstoffen wie Glucose und Fructose fahnden.

26 LENKE DICH BEI HUNGER AB

Statt an Essen zu denken, unternimm etwas, spiele ein Spiel oder rufe eine liebe Freundin an. Am besten quatscht ihr, während ihr einen Spaziergang macht.

27 IM TREND: PROTEIN-SHAKES

Wenn schon Süßes, dann etwas Superleckeres. Und dass Proteindrinks nicht nur etwas für Muskelprotze sind, beweisen schnell gemachte, köstliche Shakes und Smoothies aus Obst, die du mit deinem Lieblingsproteinpulver pimpst.

28 MEHR LESEN

Low Carb-Ernährung ist sehr beliebt, weil sie einfach in den Alltag zu integrieren ist und super viel bringt in Sachen Glücksgewicht. Daher gibt es reichlich Literatur dazu. Auch von uns könnt ihr mehr Inspiration bekommen. So findest du in unserem Shop noch viele weitere Bücher zum Thema Low Carb. Komm stöbern unter falkemedia-shop.de/lcbuecher!

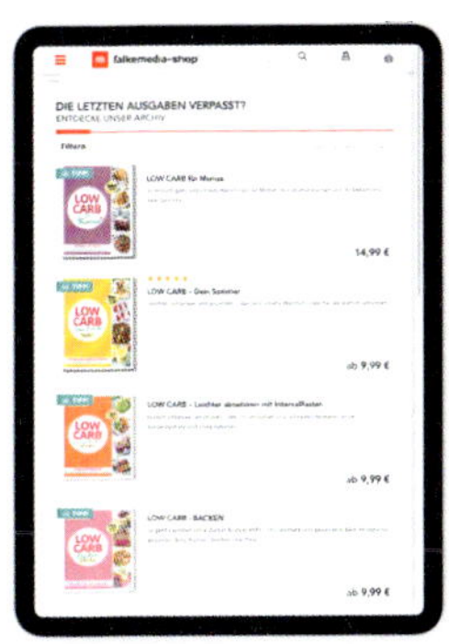

29 STEIGERE DEN KONSUM GUTER FETTE

Fette sind per se nichts Schlechtes! Weil dein Körper bei der Low Carb-Ernährung nicht auf Kohlenhydrate zurückgreifen kann, braucht er Energie aus einer anderen Quelle – nämlich aus Fetten. So tust du auch deinem Bauch etwas Gutes. Hierbei ist es wichtig, dass du die richtigen Fette zu dir nimmst. Die stecken beispielsweise in **Avocado, Hering, Lachs, Makrele, Thunfisch, Leinsamenöl, Sesamöl, Sonnenblumenöl, Olivenöl, Rapsöl, Weizenkeimöl und Nüssen.**

30 ZEIT FÜR FETTVERBRENNUNG

Jede Nahrungsaufnahme aktiviert das Hormon Insulin, welches die Fettverbrennung immer für einige Stunden blockiert. Iss daher am besten nur zu den Mahlzeiten und gib deinem Bauch dann vier bis fünf Stunden Pause. Statt zu snacken lieber trinken oder an unsere Ideen für den Notfall ab Seite 128 halten.

Schnelle Energie
Frühstück

STARTE IN DEN TAG
MIT VIELEN GUTEN
PROTEINQUELLEN
AUS JOGHURT, QUARK
NÜSSEN, SAATEN UND EIERN.
DAZU NOCH BALLASTSTOFFE,
DIE LANGE SÄTTIGEN –
FERTIG IST DEIN
AUSGEWOGENES FRÜHSTÜCK!

25 g KH

FÜR 4 PORTIONEN | 20 MIN.

VEG GLU

Granola mit Kiwis, Joghurt und Nüssen

PRO PORTION 586 kcal | 20 g E | 46 g F

ZUTATEN

- 75 g Mandelkerne
- 75 g Haselnusskerne
- 75 g Cashewkerne
- 40 g Kokoschips
- 1 EL Chiasamen
- 2 EL Quinoaflocken
- 1 Prise Zimtpulver
- 2 Kiwis
- 600 g Joghurt
- 1 EL Xylit

1 Mandeln, Haselnüsse und die Cashews in einer Pfanne nacheinander leicht rösten. Die Hälfte der Nüsse und Kokoschips mit den Chiasamen, Quinoaflocken und Zimt im Blitzhacker zerkleinern. Die Kiwis schälen, längs vierteln und in Scheiben schneiden.

2 Den Joghurt mit dem Xylit verrühren, auf Schüssel verteilen und mittig mit der Granola-Mischung bestreuen. Die Nüsse auf der einen Seite daneben verteilen und die Kiwi-Scheiben auf der anderen Seite. Mit restlichen Kokoschips bestreuen und servieren.

• TIPP • Ein super Rezept für ein Granola-Müsli mit Kakaonibs findest du in der Low Carb Rezepte-App von lowcarb.de.

Gute Proteinquelle

FÜR 4 PORTIONEN | 20 MIN.

VEG GLU

Joghurt-Quark-Creme mit Beeren

PRO PORTION 259 kcal | 14 g E | 16 g F

1 Mandelblättchen und Kokoschips in einer kleinen Pfanne ohne Zugabe von Fett goldbraun rösten. Aus der Pfanne nehmen und kurz abkühlen lassen. Brombeeren und Himbeeren verlesen, vorsichtig waschen und trocken tupfen. Einige der Beeren für die Deko zur Seite geben, den Rest in einer Schüssel mit einer Gabel fein zerdrücken.

2 Den Quark, Joghurt und Xylit zu den Beeren geben und alles verrühren. In Schalen anrichten, mit Mandelblättchen, Kokoschips und Chiasamen bestreuen und mit den restlichen Beeren garniert servieren.

• TIPP • So könnte dein Start in den Tag aussehen: schnell verrührte Creme aus griechischem Joghurt und Quark, gesüßt mit Beerenmus und Xylit. Für extra Sättigung sorgen Kokoschips, Mandelblättchen und Chiasamen als knuspriges Topping. In der lowcarb.de-Community auch ein Lieblingsrezept für die Lunchpause, um zwischendurch neue Energie zu tanken. Morgens fix zusammenstellen und in To-Go-Gläsern mitnehmen. So kommst du bei Heißhunger nicht in Versuchung, sondern kannst ganz entspannt deinen gesunden, süßen Low Carb-Snack genießen.

ZUTATEN

19 g KH

- 2 EL Mandelblättchen
- 2 EL Kokoschips
- 100 g Brombeeren
- 150 g Himbeeren
- 250 g Magerquark
- 200 g griechischer Joghurt
- 3 EL Xylit
- 1 EL Chiasamen

ZUTATEN

11 g KH

- 4 Eier
- 180 ml Milch
- 1 Prise Salz
- 100 g Mandelmehl
- 30 g Leinsamenmehl
- 1 EL Xylit
- 1 Prise gemahlene Vanille
- 1 ½ TL Zimtpulver
- 250 g Sahnequark
- 100 ml Kokosmilch (Dose)
- 1 EL Ahornsirup
- 2 EL Leinöl zzgl. etwas mehr zum Beträufeln
- 3 EL Kokosraspel
- ½ TL Weinstein-Backpulver
- 2–4 EL Rapsöl
- 4 EL Kokoschips
- Etwas Pudererythrit zum Bestäuben

ZUTATEN FÜR 4 PORTIONEN | 40 MIN.

VEG GLU

Mandel-Pfannkuchen mit Kokos-Quark

PRO PORTION 463 kcal | 26 g E | 32 g F

1 Eier in einer Schüssel mit der Milch und 1 Prise Salz mit einem Schneebesen gut verrühren. Dann Mandelmehl, Leinsamenmehl, Xylit, Vanille sowie ½ TL Zimt dazugeben und gut untermischen. Nach und nach etwa 6 EL Wasser hinzufügen. Dann den glatten Teig abgedeckt 10 Minuten quellen lassen.

2 Inzwischen den Sahnequark in einer großen Schüssel mit Kokosmilch, Ahornsirup und Leinöl glatt rühren. Die Kokosraspel und den übrigen Zimt untermengen.

3 Nach dem Quellen das Backpulver unter den Teig mischen. Jeweils etwas Öl in einer Pfanne erhitzen und darin nacheinander in je 1–2 Minuten etwa 8 Pfannkuchen ausbacken. Fertige Pfannkuchen nach Belieben im heißen Ofen bei 80 °C Ober-/Unterhitze warm halten.

4 Die Pfannkuchen mit dem Quark auf Tellern anrichten und mit Kokoschips bestreuen. Mit Pudererythrit bestäuben, mit Leinöl beträufelt servieren.

• **TIPP** • Statt auf kohlenhydratreiches Weizenmehl setzen wir hier auf Mandel- und Leinsamenmehl. Beides solltest du für die Low Carb-Küche immer auf Vorrat haben, denn beide Sorten helfen dir dabei, den Blutzuckerspiegel konstant zu halten.

Checke jetzt die besten Rezepte mit Mandeln von lowcarb.de aus!

Schlemmen
ohne schlechtes
Gewissen

ZUTATEN

3 g KH

- 1 Bund Schnittlauch
- 1 EL Olivenöl
- 8 Eier
- 2 EL Milch
- 2 EL Sahne
- Salz und Pfeffer
- 200 g Räucherlachs in Scheiben

FÜR 4 PORTIONEN | 20 MIN.

GLU

Rührei im Räucherlachs-Mantel

PRO PORTION 302 kcal | 25 g E | 21 g F

1 Schnittlauch waschen, trocken schütteln, einige Halme für die Garnitur beiseitelegen und den Rest in feine Röllchen schneiden. Das Öl in einer beschichteten Pfanne erhitzen. Eier mit Milch und Sahne verquirlen und mit Salz und Pfeffer würzen. Die Eiermasse in die Pfanne geben und unter Rühren in etwa 4 Minuten stocken lassen, dabei gegen Ende den Schnittlauch zugeben.

2 Das Rührei in 2 Streifen auf Tellern anrichten und jeweils mit einer Scheibe Räucherlachs umwickeln. Mit Schnittlauchhalmen garnieren und servieren.

• TIPP • Manchmal muss es morgens schnell gehen. Rührei mit Räucherlachs ist fix gemacht und versorgt dich am Morgen mit wertvollen Proteinen, die dich lange satt halten. In Lachs eingewickelt und mit Schnittlauch garniert, macht das Rührei optisch viel mehr her und ist somit auch ein ansehnlicher Snack für Frühstück- oder Brunchbüfetts mit deinen Liebsten.

Passt immer

FÜR 4 PORTIONEN | 15 MIN.
VEG

Schnelles Saaten-Porridge

PRO PORTION 368 kcal | 30 g E | 15 g F

1 Haferflocken, Mandelmehl, Leinsamen, Xylit, Zimt, Salz, Milch und 300 ml Wasser in einem Topf aufkochen lassen. Bei schwacher Hitze und unter ständigem Rühren 3–4 Minuten köcheln.

2 Den Topf vom Herd ziehen und kurz abkühlen lassen. Die Nüsse hacken. Nun die Hälfte des Skyrs unter das Porridge mengen und auf 4 tiefe Teller verteilen. Den restlichen Skyr mit wenig Wasser glatt rühren und auf das Porridge geben. Mit gehackten Nüssen, Hanf- und Chiasamen bestreuen und servieren.

• TIPP • Hier nimmst du gleich mit deiner ersten Mahlzeit am Tag gesunde Fette, Proteine und Ballaststoffe zu dir. Mit ein bisschen Zimt ist Porridge ideal, um dich an kalten Wintermorgen aufzuwärmen.

ZUTATEN

20 g KH

- 40 g zarte Haferflocken
- 80 g Mandelmehl
- 20 g Leinsamenschrot
- 2 EL Xylit
- ½ TL Zimtpulver
- 1 Prise Salz
- 500 ml Milch
- 2 EL gemischte Nusskerne
- 400 g Skyr
- 4 EL Hanfsamen
- 4 TL Chiasamen

ZUTATEN

12 g KH

- 1 Zwiebel
- 1 Knoblauchzehen
- 200 g Babyspinat
- 1 Avocado
- 50 g Erbsensprossen (alternativ 1 Beet Kresse)
- 2 EL Olivenöl
- Salz und Pfeffer
- 150 g Erbsen
- 4 Scheiben Eiweißbrot
- 60 ml Essig
- 4 Eier
- 120 g Kochschinken in dünnen Scheiben

FÜR 4 PORTIONEN | 30 MIN.

GLU

Pochierte Eier mit Avocado und Schinken

PRO PORTION 476 kcal | 28 g E | 33 g F

1 Zwiebel und Knoblauch schälen, beides fein würfeln. Spinat verlesen, waschen und trocken schütteln. Die Avocado halbieren, den Kern entfernen und das Fruchtfleisch aus der Schale heben. Die Hälfte grob in Stücke, die andere Hälfte in Spalten schneiden. Die Sprossen waschen und trocken tupfen.

2 In einer Pfanne 1 EL Olivenöl erhitzen, die Hälfte der Zwiebel- und Knoblauchwürfel darin andünsten und den Spinat zugeben. In 1–2 Minuten zusammenfallen lassen, mit Salz und Pfeffer würzen und zur Seite ziehen. Erbsen mit restlichen Zwiebel- und Knoblauchwürfeln in übrigem Öl 2–3 Minuten andünsten. Die grob geschnittene Avocado zugeben und mit einem Teil der Erbsen zerdrücken. Das Brot nach Belieben kurz rösten.

3 In einem Topf 1 l Wasser aufkochen und den Essig zugeben. Einen Strudel erzeugen, Eier einzeln aufschlagen und ins Wasser gleiten lassen. In etwa 4 Minuten pochieren. Mit einem Schaumlöffel herausheben und abtropfen lassen.

4 Das Brot mit dem Schinken belegen, zuerst den Spinat, dann die Erbsen-Avocado-Mischung darauf verteilen. Mit je 1 Ei und Avocadospalten anrichten und mit Erbsensprossen garnieren, mit etwas Salz und Pfeffer würzen und servieren.

• **TIPP** • Ein Rezept für Eiweißbrot findest du auf der folgenden Seite.

Für noch mehr Stullen-Ideen und Low Carb-Brötchenrezepte schaue in unseren Sammlungen unter www.lowcarb.de nach!

Energie tanken,
Kilos verlieren

ZUTATEN

3 g KH

- 200 g Weizengluten
- 115 g Leinsamen
- 40 g Kartoffelfasern
- 1 Päckchen Trockenhefe
- Salz
- 2 Eier
- 3 EL Sahne
- 2 EL Rapsöl zzgl. etwas mehr zum Fetten der Form
- 1 EL Kürbiskerne
- 1 EL helle Sesamsaat

HILFSMITTEL

- Kastenform (Länge 20 cm)

FÜR 1 BROT (À 16 SCHEIBEN) | 60 MIN. ZZGL. 60 MIN. RUHEZEIT

VEG

Eiweißbrot mit Leinsamen

PRO SCHEIBE 130 kcal | 14 g E | 6 g F

1 Das Gluten, 100 g Leinsamen, Kartoffelfasern und Hefe in einer Schüssel mit 1 TL Salz vermischen. Die Eier mit 2 EL Sahne und Öl verquirlen und zu den trockenen Zutaten geben. Anschließend alles mit 275 ml lauwarmem Wasser zu einem glatten Teig verkneten.

2 Den Teig auf der Arbeitsfläche flach drücken und zu einer Rolle formen. In die gefettete Kastenform füllen und etwa 60 Minuten ruhen lassen.

3 Den Backofen auf 180 °C Ober-/Unterhitze vorheizen. Den Teig mit der restlichen Sahne bepinseln und mit übrigen Leinsamen, den Kürbiskernen und der Sesamsaat bestreuen. Im vorgeheizten Ofen etwa 40 Minuten goldbraun backen. Aus dem Ofen nehmen, leicht abkühlen lassen, aus der Form lösen und auf einem Kuchengitter vollständig auskühlen lassen.

• TIPP • Weizengluten wird auch Weizeneiweiß genannt und ist ein natürliches Verdickungsmittel. Es verbessert die Klebereigenschaften deines Teigs und enthält nur wenige Kohlenhydrate.

FÜR 1 BROT (À 12 SCHEIBEN) | 90 MIN.

VEG GLU

Kürbistoastbrot

PRO SCHEIBE 211 kcal | 11 g E | 17 g F

1 Den Backofen auf 180 °C Ober-/Unterhitze vorheizen. Kastenform mit Backpapier auskleiden.

2 Eier mit dem Zitronensaft luftig aufschlagen. Das Kürbispüree mit dem Joghurt untermischen. Dann 100 g der Kürbiskerne klein hacken und mit den Flohsamen, Backpulver, Salz, Kurkuma und Mandeln mischen. Unter die Eiermasse rühren, in die vorbereitete Form füllen. Glatt streichen und anschließend mit den übrigen Kürbiskernen bestreuen.

3 Das Brot im vorgeheizten Ofen 50–55 Minuten goldbraun backen. Herausnehmen, leicht abkühlen lassen, aus der Form nehmen und auf einem Gitter vollständig auskühlen lassen.

Mit einer zart-süßlichen Note

ZUTATEN

4 g KH

- 4 Eier
- 1 EL Zitronensaft
- 250 g Kürbispüree
- 150 g Joghurt
- 120 g Kürbiskerne
- 40 g Flohsamenschalen
- 2 TL Weinstein-Backpulver
- 1 TL Salz
- ½ TL Kurkumapulver
- 200 g gemahlene Mandeln

HILFSMITTEL

- Kastenform (Länge 25 cm)

ZUTATEN

1 g KH

- 250 g Ziegenfeta
- 250 g Ziegenfrischkäse-taler
- 1 rote Chilischote
- 2 Knoblauchzehen
- ½ unbehandelte Zitrone
- 4 Zweige Rosmarin
- Etwa 200 ml Olivenöl
- Etwas grobes Salz
- 1 TL Chiliflocken

HILFSMITTEL

- 2 sterile Einmachgläser (à 350 ml)

FÜR 2 GLÄSER (À 350 ML) | 30 MIN. ZZGL. 7 TAGE RUHEZEIT

VEG GLU

Eingelegter Ziegenkäse

PRO PORTION (À ETWA 50 G) 198 kcal | 7 g E | 19 g F

1 Den Ziegenfeta in etwa 5 mm dicke Scheiben schneiden, mit den Frischkäsetalern in die sterilen Einmachgläser schichten. Die Chilischote schräg in dünne Ringe schneiden, die Knoblauchzehen schälen und in dünne Scheiben schneiden.

2 Zitrone heiß abwaschen, trocken reiben und in sehr dünne Scheiben schneiden. Den Rosmarin waschen und trocken schütteln. Die Nadeln abzupfen.

3 Chilischote, Knoblauch, Zitrone und Rosmarin auf die beiden Gläser verteilen, diese jeweils bis zum Rand mit Olivenöl auffüllen. Alles mit etwas Salz und Chiliflocken würzen und die Gläser gut verschließen. Die Gläser vorsichtig schütteln und alles an einem kühlen und dunklen Ort 7 Tage durchziehen lassen. Zwischendurch immer wieder vorsichtig schütteln.

• **TIPP** • Der eingelegte Ziegenkäse schmeckt toll als Vorspeise mit unserem Eiweißbrot von Seite 26. Er verfeinert zudem viele Zucchininudel-Gerichte und Aufläufe. Den Käse einfach kurz vor dem Servieren auf das Gericht geben oder kurz miterhitzen bzw. -backen.

Pikant mit Chili

FÜR 2 GLÄSER (À 450 ML) | 30 MIN. ZZGL. 60 MIN. RUHEZEIT

V VEG LAC GLU

Linsenaufstrich aus 5 Zutaten

PRO EL 13 kcal | 1 g E | 1 g F

1 Schalotte und Knoblauchzehe schälen und fein würfeln. 2 EL Öl in einem Topf erhitzen und beides darin andünsten. Linsen, Brühe und Lorbeerblatt zugeben und alles aufkochen lassen. Dann 8–10 Minuten abgedeckt garen. Vom Herd nehmen, Lorbeer entfernen und etwa 60 Minuten abkühlen lassen.

2 Basilikum waschen, trocken schütteln und die Blättchen abzupfen. Linsen, übriges Olivenöl, Oliven, Basilikum, Kreuzkümmel in ein hohes Gefäß geben und fein pürieren. Den Aufstrich mit Salz und Pfeffer abschmecken und in ein Schälchen oder steriles Schraubglas füllen. Die Oberfläche mit etwas Olivenöl beträufeln und dann mit schwarzem Pfeffer bestreuen. Sofort servieren oder im Kühlschrank bis zu einer Woche aufbewahren.

• TIPP • In ein hübsches Glas gepackt, ist dieser schöne grüne Aufstrich auch wunderbar als kleines Mitbringsel geeignet!

ZUTATEN

1 g KH

- 1 Schalotte
- 1 Knoblauchzehe
- 4 EL Olivenöl zzgl. etwas mehr zum Beträufeln
- 150 g grüne Linsen
- 450 ml Gemüsebrühe
- 1 Lorbeerblatt
- 150 g grüne Oliven ohne Kern
- 1 Bund Basilikum
- ¼ TL Kreuzkümmelpulver
- Salz und Pfeffer

HILFSMITTEL

- 1 steriles Schraubglas (à 450 ml)

Zum Sattessen Salate

DIESE BUNTEN SALATE STECKEN VOLLER GUTER SCHLANK-ZUTATEN WIE GUTEM ÖL, NÜSSEN, HÜLSENFRÜCHTEN, ZARTEM HÄHNCHENFLEISCH UND NATÜRLICH GEMÜSE, GEMÜSE, GEMÜSE! SOOO KÖSTLICH!

ZUTATEN

9 g KH

- 2 Hähnchenbrustfilets (à etwa 250 g)
- Salz und Pfeffer
- 1 TL edelsüßes Paprikapulver
- 8 EL Rapsöl
- 2 große rote Zwiebeln
- 1 großer Chicorée
- 2 Blutorangen
- 2 EL Balsamicoessig
- ½ TL Xylit
- Je 1 Stiel Minze und Zitronenmelisse

FÜR 4 PORTIONEN | 30 MIN.

LAC GLU

Chicoréesalat mit Hähnchenbrustfilet

PRO PORTION 372 kcal | 31 g E | 24 g F

1 Hähnchenbrustfilets trocken tupfen und rundherum mit Salz, Pfeffer und Paprikapulver würzen. 2 EL Öl in einer Pfanne erhitzen und das Fleisch rundherum anbraten. Hitze reduzieren, in 8–10 Minuten durchgaren.

2 Inzwischen Zwiebeln schälen, halbieren und in feine Scheiben schneiden. Den Chicorée waschen, putzen und in mundgerechte Stücke zupfen. Blutorangen so schälen, dass die weiße Haut vollständig entfernt wird. Das Fruchtfleisch in dünne Scheiben schneiden, dabei die Kerne entfernen.

3 Essig mit Salz, Pfeffer, Xylit und dem übrigen Öl verrühren. Minze- und Melisseblättchen von den Stielen zupfen, waschen, trocken schütteln und in Streifen schneiden. Chicorée, Zwiebeln und Blutorangen mit dem Dressing mischen und auf Tellern verteilen. Hähnchenfleisch schräg in Scheiben schneiden und auf dem vorbereiteten Salat anrichten. Mit Minze und Melisse garnieren und servieren.

• TIPP • Stelle sicher, dass das Öl, das du verwendest, von hoher Qualität ist, damit es reich an ungesättigten Fettsäuren und somit gesünder ist.

FÜR 4 PORTIONEN | 20 MIN.

VEG GLU

Blutorangen-Mozzarella-Salat

PRO PORTION 468 kcal | 23 g E | 37 g F

1 Den Mozzarella abtropfen lassen, bei Bedarf trocken tupfen und in Scheiben schneiden. Blutorangen großzügig mit einem scharfen Messer schälen, dabei auch die weiße Haut entfernen. Die Früchte ebenfalls in Scheiben schneiden und abwechselnd mit dem Mozzarella fächerartig auf Tellern anrichten.

2 Den Feldsalat verlesen, putzen, gründlich waschen und trocken schleudern, dann zu Mozzarella und Blutorangen auf die Teller geben. Alles mit dem Olivenöl beträufeln, mit einigen Salzflocken und etwas Pfeffer würzen. Den Salat servieren.

• TIPP • Durch die natürliche Säure der Blutorangen benötigst du für den Salat keinen zusätzlichen Essig. Wer mag, serviert einige Scheiben kross geröstetes Eiweißbrot dazu.

Leichte Köstlichkeit

ZUTATEN

13 g KH

- 4 Kugeln Mozzarella (à 125 g)
- 4 Blutorangen
- 100 g Feldsalat
- 4 EL Olivenöl
- Grobes Salz und Pfeffer

ZUTATEN

12 g KH

- 1,2 kg Topinambur
- Salz und Pfeffer
- ½ unbehandelte Zitrone
- 1 Knoblauchzehe
- 5 EL Rapsöl
- 2 EL Walnussöl
- 1 EL Senf
- ½ TL Xylit
- 3 Stiele Petersilie

FÜR 4 PORTIONEN | 30 MIN.

V VEG LAC GLU

Schneller Topinambursalat

PRO PORTION 250 kcal | 7 g E | 19 g F

1 Topinambur schälen, waschen und in sehr feine Scheiben schneiden oder hobeln. Diese dann in Salzwasser je nach Dicke der Scheiben in 3–4 Minuten bissfest blanchieren. Abgießen, abschrecken und gut abtropfen lassen.

2 In der Zwischenzeit Zitrone waschen, die Schale fein abreiben und den Saft auspressen. Knoblauch schälen und durch eine Knoblauchpresse in eine Schale pressen. Zitronensaft und -schale zugeben, mit beiden Ölsorten und Senf verschlagen. Kräftig mit Salz, Pfeffer und Xylit würzen. Petersilie waschen, trocken schütteln, die Blättchen abzupfen und grob hacken.

3 Topinambur mit der Vinaigrette mischen, mit Petersilie bestreuen und lauwarm genießen oder aber bis zum Servieren noch etwas durchziehen lassen.

Mit Zitronen-Kick

FÜR 4 PORTIONEN | 20 MIN.
V VEG LAC

Asiatischer Karotten-Kohlrabi-Salat

PRO PORTION 133 kcal | 3 g E | 6 g F

1 Knoblauch und Ingwer schälen, beides fein würfeln. Karotten und Kohlrabi ebenfalls schälen und waschen. Apfel waschen und entkernen. Karotten, Kohlrabi und Apfel in der Küchenmaschine oder auf dem Küchenhobel grob raspeln. Frühlingszwiebeln putzen, waschen und in Ringe schneiden. Alle vorbereiteten Zutaten in einer Schüssel mischen.

2 Den Limettensaft, Sojasauce, Sesamöl, Ahornsirup und etwas Pfeffer verquirlen. Das Dressing mit den Salatzutaten vermengen und alles abschmecken. Mit der Sesamsaat anrichten und servieren.

• TIPP • Das Dressing mit Limettensaft und Sojasauce fügt dem Salat eine besondere Geschmacksnote hinzu und liefert zudem wertvolle Nährstoffe. Beachte jedoch den Salzgehalt der Sojasauce und passe die Menge entsprechend deinen Vorlieben und gesundheitlichen Bedürfnissen an. Der Salat schmeckt erfrischend und passt gut zu Fisch, aber auch solo als Snack in der Mittagspause macht er satt.

ZUTATEN

19 g KH

- 1 Knoblauchzehe
- 2 cm Ingwer
- 300 g Karotten
- 350 g Kohlrabi
- 150 g Apfel
- 2 Frühlingszwiebeln
- Saft von 1 Limette
- 2 EL Sojasauce
- 2 EL Sesamöl
- 1 EL Ahornsirup
- Salz und Pfeffer
- 1–2 EL dunkle Sesamsaat

ZUTATEN

14 g KH

- 200 g Feta
- 80 g Walnusskerne
- 200 g grüner Spargel
- 250 g weißer Spargel
- Salz und Pfeffer
- 1 Bund Rucola
- 200 g Erdbeeren
- 50 g Joghurt
- 50 g Sahne
- 5 EL Zitronensaft
- 1–2 EL Balsamicoessig
- 1 Prise Xylit

FÜR 4 PORTIONEN | 30 MIN.

VEG GLU

Spargel-Erdbeer-Salat

PRO PORTION 388 kcal | 15 g E | 31 g F

1 Den Feta abtropfen lassen und in Würfel schneiden. Die Walnüsse ohne Zugabe von Fett in einer Pfanne rösten, bis sie duften, dann aus der Pfanne nehmen, abkühlen lassen, grob hacken und in einer Schale mit den Fetawürfeln mischen.

2 Den grünen Spargel im unteren Drittel, den weißen Spargel komplett schälen. Alle Stangen von den holzigen Enden befreien, waschen und jeweils in 6–7 cm lange Stücke schneiden. Dann den weißen Spargel in kochendem Salzwasser etwa 4 Minuten blanchieren. Den grünen Spargel dazugeben, alles 3–4 Minuten weiterkochen. Abgießen, abschrecken und abtropfen lassen.

3 Rucola verlesen, waschen und trocken schleudern. Die Erdbeeren waschen, putzen und jeweils halbieren. Die Hälfte davon mit Joghurt, Sahne, Zitronensaft und Essig pürieren. Dressing mit Xylit, Salz und Pfeffer abschmecken. Spargel, Rucola und restliche Erdbeeren in einer Schüssel vermischen. Salat mit dem Walnuss-Feta bestreuen und mit dem Erdbeer-Dressing beträufelt servieren.

• **TIPP** • Für noch mehr Gesundheitspluspunkte toppe den Salat mit weiteren Nüssen oder Mandeln. Sie sind reich an gesunden Fetten und harmonieren wunderbar mit den Salatzutaten.

Zartes Frühlingserwachen

ZUTATEN

24 g KH

- 2 Hähnchenbrustfilets (à etwa 150 g)
- Salz und Pfeffer
- 2 unbehandelte Orangen
- ½ Granatapfel (ausgelöste Kerne)
- 2 Bund Rucola
- 4–5 getrocknete Datteln
- 2 EL Mandelkerne
- 3 Stiele Thymian
- Saft von ½ Zitrone
- 4 EL Olivenöl

FÜR 4 PORTIONEN | 40 MIN.

LAC GLU

Fruchtiger Hähnchensalat

PRO PORTION 333 kcal | 23 g E | 17 g F

1 Das Hähnchenfleisch in leicht siedendem Salzwasser etwa 10 Minuten garen, herausnehmen und abkühlen lassen. 1 Orange heiß waschen und trocken reiben. Die Schale in feinen Streifen abziehen. Beide Orangen filetieren, dabei den austretenden Saft auffangen. Die Granatapfelkerne zwischen den weißen Trennhäuten herauslösen.

2 Rucola verlesen, gut waschen und trocken schleudern. Datteln jeweils längs halbieren, entsteinen und in Spalten schneiden. Mandeln ohne Zugabe von Fett in einer Pfanne anrösten und grob hacken. Den Thymian waschen und trocken schütteln. Die Blättchen abzupfen. Orangen- und Zitronensaft mit jeweils der Hälfte der Orangenzesten und der Thymianblättchen sowie Öl und etwas Salz und Pfeffer verrühren.

3 Die abgekühlten Hähnchenbrüste in Streifen schneiden oder zerzupfen und mit Orangenfilets, Datteln sowie Rucola vermischen, dann auf einer Platte anrichten. Alles mit Granatapfelkernen, übrigen Orangenzesten, restlichem Thymian und Mandeln bestreuen. Den Salat mit dem Dressing beträufeln und servieren.

• **TIPP** • Dieser Salat versorgt deinen Körper mit reichlich Vitaminen und Nährstoffen. Auch sekundäre Pflanzenstoffe, die die Verdauung unterstützen, sind zahlreich in den Zutaten enthalten.

FÜR 4 PORTIONEN | 70 MIN.
V VEG LAC GLU

Linsensalat mit Ofengemüse

PRO PORTION 327 kcal | 8 g E | 18 g F

1 Den Backofen auf 220 °C Ober-/Unterhitze vorheizen und ein Backblech mit Backpapier auslegen. Ggfs. die Schale vom Kürbis entfernen oder den Kürbis waschen, halbieren, Kerne und Fasern entfernen und die Hälften in Spalten schneiden. Auf das Blech legen, mit 3 EL Öl beträufeln und mit Salz und Pfeffer würzen. Im vorgeheizten Ofen etwa 45 Minuten backen.

2 In der Zwischenzeit Zwiebeln schälen und in Spalten schneiden. Paprikaschoten und Tomaten waschen und putzen. Paprika in breite Streifen schneiden. Beides mit den Zwiebeln nach 15 Minuten der Garzeit um den Kürbis herum verteilen. Mit übrigem Öl beträufeln und mit Salz und Pfeffer würzen.

3 Inzwischen Knoblauch schälen und dann in einem Topf im etwa 80 °C heißen Rapsöl etwa 35 Minuten bei mittlerer Hitze köcheln lassen. Die Linsen in einem Sieb abspülen und etwa 25 Minuten in einem Topf in kochendem Wasser garen. Abgießen, abschrecken und abtropfen lassen.

4 Gemüse aus dem Ofen nehmen. Kräuter waschen, trocken schütteln und Blättchen abzupfen. Linsen mit dem Gemüse auf einer Platte anrichten. Den Knoblauch aus dem Öl nehmen, grob zerdrücken und über dem Gemüse verteilen. Mit Zitronensaft und Balsamicoessig beträufeln und mit den Kräutern bestreut servieren.

ZUTATEN

25 g KH

- 400 g Kürbis (z. B. Spaghettikürbis)
- 5 EL Olivenöl
- Salz und Pfeffer
- 2 rote Zwiebeln
- 2 rote Paprikaschoten
- 250 g bunte Kirschtomaten
- 4 Knoblauchzehen
- Etwas Rapsöl
- 50 g Puy-Linsen
- 2 Stiele Petersilie
- 2 Stiele Basilikum
- 2 EL Zitronensaft
- 2 EL heller Balsamicoessig

ZUTATEN

10 g KH

- 1 EL Pinienkerne
- 100 g gemischte Kräuter (z. B. Brunnenkresse, Petersilie, Dill, Schnittlauch)
- 1–2 Knoblauchzehen
- Etwa 70 ml Olivenöl
- Salz und Pfeffer
- 250 g grüner Spargel
- 5–6 EL Olivenöl
- 500 g Riesengarnelen (küchenfertig, bis auf das Schwanzsegment geschält)
- Saft von ½ Zitrone
- 2 Avocados
- 1 EL Pistazienkerne

FÜR 4 PORTIONEN | 30 MIN.

LAC GLU

Avocado-Spargel-Salat mit Garnelen

PRO PORTION 500 kcal | 27 g E | 40 g F

1 Pinienkerne in einer kleinen Pfanne ohne Zugabe von Fett goldbraun rösten. Kräuter waschen, trocken schütteln und bei Bedarf die Blättchen abzupfen. Etwa ¼ davon beiseitestellen, den Rest grob hacken. Den Knoblauch schälen und mit den gehackten Kräutern sowie Pinienkernen pürieren. Öl nach und nach unterschlagen, dann alles mit Salz und Pfeffer abschmecken.

2 Spargel im unteren Drittel schälen, waschen, holzige Enden abschneiden und schräg in etwa 5 cm große Stücke schneiden. In einer großen Pfanne in 2–3 EL heißem Olivenöl unter Wenden etwa 4 Minuten anbraten. Mit Salz und Pfeffer würzen und aus der Pfanne nehmen.

3 Das übrige Öl in die Pfanne geben und Garnelen darin unter Wenden etwa 4 Minuten rundherum scharf anbraten. Mit Salz und Pfeffer würzen, mit 1–2 EL Zitronensaft beträufeln. Avocados halbieren, Kerne entfernen, Fruchtfleisch aus der Schale heben und in Spalten schneiden. Pistazienkerne hacken.

4 Spargel, Garnelen, Avocados und übrige Kräuter auf Platten oder Tellern anrichten, mit etwas Pesto beträufeln und mit gehackten Pistazien bestreuen. Das Gericht servieren und das restliche Pesto dazu reichen.

Hier kommen unsere besten Low Carb-Rezepte mit Garnelen, vom Gourmet-Abendessen bis hin zum schnellen Feierabend-Rezept.

Wirklich raffiniert!

ZUTATEN

15 g KH

- 4 Eier
- 1 rote Zwiebel
- 250 g Kirschtomaten
- 1 gelbe Paprikaschote
- 1 Kopfsalat
- 1 Bund Petersilie
- 150 g Mayonnaise
- 150 g Joghurt
- Saft von ½ Zitrone
- Salz und Pfeffer
- 250 g Mini-Maiskolben (Glas)
- 300 g Thunfisch im eigenen Saft (Dose)

FÜR 4 PORTIONEN | 20 MIN.

GLU

Thunfischsalat

PRO PORTION 574 kcal | 34 g E | 39 g F

1 Eier in kochendem Wasser etwa 8 Minuten hart kochen. Abgießen, abschrecken und etwas abkühlen lassen.

2 Inzwischen die Zwiebel schälen und in feine Ringe schneiden. Tomaten waschen und halbieren. Paprika waschen, entkernen und würfeln. Salat putzen, waschen und trocken schleudern, dann in mundgerechte Stücke zupfen.

3 Petersilie waschen und trocken tupfen. Blättchen von den Stielen zupfen und grob hacken. Mit Mayonnaise, Joghurt, Zitronensaft, Salz und Pfeffer verrühren. Mais und Thunfisch gut abtropfen lassen. Eier pellen und in Viertel schneiden.

4 Kopfsalat, Zwiebel, Tomaten, Paprika, Mais und Thunfisch vermengen. Sauce unterrühren und mit den Eier-Vierteln anrichten, dann servieren.

• TIPP • Wer es noch fettärmer und proteinreicher mag, verwendet statt der Mayonnaise griechischen Joghurt oder Magerquark als Basis für das Dressing.

FÜR 4 PORTIONEN | 30 MIN.
VEG GLU

Mediterraner Pilzsalat mit Pistazien

PRO PORTION 278 kcal | 13 g E | 23 g F

1 Die Pilze putzen und je nach Größe halbieren oder vierteln. Den Knoblauch schälen und fein würfeln. Rosmarinzweige waschen und trocken schütteln. Pistazien in einer Pfanne ohne Zugabe von Fett kurz rösten, herausnehmen und auf einem Teller auskühlen lassen.

2 2 EL Öl in einer breiten Pfanne erhitzen. Die Pilze darin bei sehr starker Hitze in 3–4 Minuten kräftig anbraten. Rosmarinzweige und den gehackten Knoblauch zugeben und kurz mitbraten. Mit Salz und Pfeffer würzen. Anschließend die Pilze in eine Schüssel geben.

3 Essig mit Salz, Pfeffer, Xylit und Senf verrühren. Restliches Öl zugeben, mit einem Schneebesen unterschlagen. Den Parmesan grob raspeln. Die Vinaigrette mit den gerösteten Pistazienkernen zu den Pilzen geben und alles vorsichtig vermengen. Auf Tellern anrichten und dann mit dem Parmesan bestreut servieren.

Für eine schlanke Mitte

ZUTATEN

9 g KH

- 800 g gemischte Pilze (z. B. Austernpilze, kleine Champignons, Kräuterseitlinge)
- 2 Knoblauchzehen
- 4 Zweige Rosmarin
- 3 EL Pistazienkerne
- 5 EL Olivenöl
- Salz und Pfeffer
- 5 EL Weißweinessig
- 1 Prise Xylit
- 1 TL mittelscharfer Senf
- 40 g Parmesan

Gemüse-Power
Suppen

LÖFFEL FÜR LÖFFEL
BIETEN HERZHAFTE SUPPEN
DIE VOLLE WUCHT
AN WICHTIGEN VITAMINEN
UND NÄHRSTOFFEN,
DIE DIR BEIM ABNEHMEN
SICHER HELFEN KÖNNEN
UND DICH GARANTIERT
SATT MACHEN.

EASY

ZUTATEN

25 g KH

- 800 g Hokkaidokürbis
- 1 Zwiebel
- 1 Knoblauchzehe
- 2 cm Ingwer
- 2 EL Rapsöl
- 125 g rote Linsen
- 800 ml Gemüsebrühe
- 400 ml Kokosmilch (Dose)
- Salz und Pfeffer

FÜR 4 PORTIONEN | 40 MIN.

V VEG LAC GLU

Kürbis-Linsen-Suppe

PRO PORTION 308 kcal | 12 g E | 11 g F

1 Den Kürbis waschen, halbieren, Kerne und Fasern entfernen und Fruchtfleisch grob zerkleinern. Zwiebel, Knoblauch und Ingwer schälen, alles fein würfeln.

2 Das Öl in einem großen Topf erhitzen und Zwiebel, Knoblauch und Ingwer darin andünsten. Die Kürbisstücke dazugeben und kurz mit anbraten. Die Linsen hinzufügen und die Brühe mit der Kokosmilch angießen. Alles aufkochen und mit geschlossenem Deckel bei kleiner Hitze 15–20 Minuten köcheln lassen, bis der Kürbis weich ist.

3 Anschließend die Suppe vom Herd nehmen und im Topf mit dem Stabmixer fein pürieren. Mit Salz und Pfeffer abschmecken und zum Servieren auf tiefe Teller oder Schalen verteilen.

• TIPP • Tolles Rezept, um eine größere Menge Suppe zuzubereiten und portionsweise einzufrieren. So hast du immer eine gesunde Low Carb-Mahlzeit parat.

Unser Vegan-Tipp

FÜR 4 PORTIONEN | 45 MIN.
VEG GLU

Champignon-Zwiebel-Cremesuppe

PRO PORTION 304 kcal | 6 g E | 26 g F

1 Den Thymian waschen und trocken schütteln. Blättchen von den Stielen zupfen. 2 Zwiebeln und Knoblauch schälen, beides grob würfeln. Pilze putzen und etwa ⅔ davon klein schneiden.

2 Butterschmalz in einem Topf erhitzen, Zwiebeln und Knoblauch darin andünsten. Pilzstücke und Thymian dazugeben und alles mit Salz und Pfeffer würzen. Mit Wein ablöschen, diesen etwas verkochen lassen, dann die Brühe angießen. Alles aufkochen und die Suppe etwa 20 Minuten abgedeckt kochen lassen.

3 Inzwischen übrige Zwiebel schälen und in feine Streifen schneiden. Die restlichen Pilze in Scheiben schneiden. Beides in einer Pfanne in heißem Olivenöl 5–6 Minuten braten, dann mit etwas Salz und Pfeffer würzen.

4 Die Petersilie waschen und trocken schütteln. Die Blättchen abzupfen und hacken. Die Sahne zur Suppe geben, diese aufkochen, fein pürieren und mit Salz und Pfeffer würzig abschmecken. Die Suppe anrichten, Pilzscheiben und Zwiebel darauf geben. Suppe mit Petersilie bestreuen und servieren.

ZUTATEN

8 g KH

- 2 Stiele Thymian
- 3 Zwiebeln
- 1 Knoblauchzehe
- 500 g Champignons
- 1 EL Butterschmalz
- Salz und Pfeffer
- 150 ml trockener Weißwein
- 1 l Gemüsebrühe
- 2 EL Olivenöl
- 4 Stiele Petersilie
- 150 g Sahne

ZUTATEN

7 g KH

- 1 Zwiebel
- 1 Knoblauchzehe
- 3 Stangen Staudensellerie
- 3 Zucchini
- 2 EL Olivenöl zzgl. etwas mehr zum Beträufeln
- 1 Lorbeerblatt
- 1 kg Schweineschinken am Stück (gepökelte, geräucherte Keule)
- 2 EL Sahne
- Salz und Pfeffer
- 2 Stiele Minze

FÜR 4 PORTIONEN | 100 MIN.

GLU

Zucchini-Cremesuppe mit Schinken

PRO PORTION 419 kcal | 49 g E | 21 g F

1 Zwiebel und Knoblauch schälen und beides vierteln. Sellerie und Zucchini waschen und putzen. Sellerie bei Bedarf entfädeln, dann fein würfeln, die Zucchini in Scheiben schneiden.

2 Öl in einem Topf erhitzen und Zwiebel, Sellerie und Lorbeerblatt kurz darin andünsten. Knoblauch und Zucchini untermischen und alles weitere 3–4 Minuten weitergaren.

3 Schinken hineinsetzen und etwa 1,5 l Wasser angießen, der Schinken sollte eben bedeckt sein. Alles aufkochen, bei geringer Hitze unter gelegentlichem Rühren 50–60 Minuten köcheln lassen, bis das Fleisch zart ist.

4 Den Schinken herausnehmen und kurz abkühlen lassen. Das Lorbeerblatt entfernen. Den Topfinhalt mit der Sahne fein pürieren, die Suppe mit Salz und Pfeffer abschmecken.

5 Das Fleisch vom Knochen zupfen und ¾ davon in die Suppe geben. Alles nochmals kurz erwärmen. Minze waschen, trocken tupfen und die Blättchen von den Stielen zupfen. Die Suppe in Schalen oder tiefe Teller verteilen und mit dem übrigen Schinkenfleisch und ein paar Blättchen Minze garnieren. Die Zucchini-Cremesuppe mit etwas Olivenöl beträufelt servieren.

Leicht darf auch schön deftig sein

ZUTATEN

24 g KH

- 6 Frühlingszwiebeln
- 2 cm Ingwer
- 400 g Shiitake
- 2 Karotten
- 500 g Hähnchenbrustfilet
- 1 EL Olivenöl
- 2 TL rote Currypaste
- 750 ml Gemüsebrühe
- 200 g Kirschtomaten
- 400 ml Kokosmilch (Dose)
- 2 TL Limettensaft
- 2 EL Fischsauce
- 2 EL Sojasauce
- 2 Stiele Koriander

FÜR 4 PORTIONEN | 40 MIN.

LAC

Leichte Thai-Suppe

PRO PORTION 390 kcal | 30 g E | 20 g F

1 Frühlingszwiebeln putzen, waschen und in feine Ringe schneiden. Etwas Grün für die Garnitur beiseitelegen. Den Ingwer schälen und in feine Scheiben schneiden. Die Pilze putzen und je nach Größe halbieren. Karotten putzen, schälen und klein würfeln. Das Hähnchenfleisch trocken tupfen und in mundgerechte Streifen schneiden.

2 Das Öl in einem Topf erhitzen und das Fleisch darin rundum goldbraun anbraten. Frühlingszwiebeln, Pilze und Karotten dazugeben und unter Wenden etwa 3 Minuten mit anbraten. Die Currypaste unterrühren, dann die Brühe und den Ingwer zugeben. Alles aufkochen und zugedeckt bei geringer Hitze etwa 10 Minuten köcheln lassen.

3 Die Tomaten waschen, halbieren und in die Suppe geben. Alles etwa 2 Minuten weiterköcheln lassen. Kokosmilch unterrühren und die Suppe mit Limettensaft, Fisch- und Sojasauce abschmecken.

4 Koriander waschen und trocken schütteln, die Blätter abzupfen und fein hacken. Mit den übrigen Frühlingszwiebeln über die Suppe streuen und diese servieren.

• **TIPP** • Die würzige Suppe lässt sich gut einfrieren und als Meal-Prep-Gericht verwenden.

FÜR 4 PORTIONEN | 30 MIN.

VEG GLU

Erbsen-Kohlrabi-Suppe

PRO PORTION 264 kcal | 8 g E | 18 g F

1 Zwiebeln und Knoblauch schälen und grob würfeln. Kohlrabi schälen und in Stücke schneiden.

2 Olivenöl in einem Topf erhitzen. Zwiebel, Knoblauch und Kohlrabi zusammen mit den Erbsen darin andünsten. Mit Salz und Pfeffer würzen und mit der Brühe auffüllen. Aufkochen und für 15–20 Minuten zugedeckt köcheln lassen.

3 Schnittlauch waschen, trocken schütteln und in feine Röllchen schneiden. Die Suppe fein pürieren, nach Belieben durch ein Sieb passieren und mit Salz, Pfeffer und Zitronensaft abschmecken. Mit der sauren Sahne, Chiliflocken und Schnittlauch garnieren und servieren.

• TIPP • Du kannst statt der Sahne auch Hafersahne verwenden, dann ist deine Suppe vegan.

Für deinen Feierabend

ZUTATEN

14 g KH

- 2 Zwiebeln
- 1 Knoblauchzehe
- 3 Knollen Kohlrabi
- 300 g gepalte Erbsen
- 2 EL Olivenöl
- Salz und Pfeffer
- 1 l Gemüsebrühe
- ½ Bund Schnittlauch
- 2 EL Zitronensaft
- 200 g saure Sahne
- Einige Chiliflocken zum Garnieren

ZUTATEN

13 g KH

- 2 Bund Rucola
- 1 Avocado
- 500 ml gut gekühlte Buttermilch
- 500 ml gut gekühlte Gemüsebrühe
- 1 gelbe Paprikaschote
- 1 Bund Radieschen
- ½ Bund gemischte Kräuter nach Wahl (z. B. Basilikum, Brunnenkresse oder Petersilie)
- Salz und Pfeffer

FÜR 4 PORTIONEN | 30 MIN.

VEG GLU

Kalte Rucolasuppe mit buntem Gemüse

PRO PORTION 138 kcal | 7 g E | 7 g F

1 Den Rucola verlesen, waschen und trocken schleudern. Avocado halbieren und vom Kern befreien. Das Fruchtfleisch aus der Schale lösen und mit Rucola, Buttermilch und Brühe in einem leistungsstarken Standmixer sehr fein mixen. Die Mischung durch ein feines Sieb geben und kalt stellen.

2 Paprika waschen, entkernen und sehr klein würfeln. Radieschen waschen, putzen und in Scheiben schneiden. Kräuter waschen und trocken schütteln. Bei Bedarf die Blättchen abzupfen.

3 Die kalte Suppe nach Belieben noch einmal kurz aufmixen, mit Salz und Pfeffer abschmecken und auf 4 Gläser verteilen. Alles mit Radieschen, Paprika und den Kräutern garnieren und servieren.

• TIPP • Sollte von der Suppe etwas übrig bleiben, kannst du den Rest mit Wasser oder Brühe verdünnt als tolles Dressing für deinen Salat benutzen.

Rucola kannst auch du als trendiges Microgreen anbauen. Wie das geht, erfährst du hier!

Voll grüner
Energie

ZUTATEN

16 g KH

- 2 Zwiebel
- 4 Knoblauchzehen
- 2 Zweige Rosmarin
- 3 Stiele Thymian
- 1 EL Xylit
- 1 kg Kirschtomaten
- 3 EL Olivenöl
- 2 Stiele Basilikum
- 1–2 EL Pinienkerne
- 200 ml Gemüsebrühe
- 200 g Sahne
- Salz und Pfeffer
- 4 TL grünes Pesto

FÜR 4 PORTIONEN | 50 MIN.

VEG GLU

Tomatensuppe aus Rösttomaten

PRO PORTION 302 kcal | 4 g E | 24 g F

1 Den Backofen auf 200 °C Umluft vorheizen. Zwiebel und Knoblauch schälen, Zwiebel in Ringe schneiden. Rosmarin und Thymian waschen, trocken schütteln und Nadeln sowie Blättchen abzupfen. Tomaten waschen und halbieren. Eine Auflaufform mit Xylit ausstreuen und die vorbereiteten Zutaten darin verteilen. Alles mit dem Olivenöl beträufeln und etwa 30 Minuten im vorgeheizten Ofen rösten.

2 Basilikum waschen, trocken schütteln und die abgezupften Blättchen fein hacken. Pinienkerne in einer kleinen Pfanne ohne Zugabe von Fett goldbraun rösten. Die Tomaten aus dem Ofen nehmen und den Inhalt der Auflaufform vorsichtig in einen Standmixer oder hohes Gefäß füllen. Gemüsebrühe und Sahne zugeben und alles fein pürieren. Mit Salz und Pfeffer abschmecken. In Gläschen füllen und jeweils mit 1 TL Pesto, einigen Pinienkernen sowie Basilikum bestreut servieren.

Du wirst keine andere Suppe mehr wollen!

FÜR 4 PORTIONEN | 50 MIN.

VEG GLU

Pastinaken-Cremesuppe mit Saaten-Topping

PRO PORTION 374 kcal | 8 g E | 25 g F

1 Die Pastinaken, den Kohlrabi und den Sellerie schälen, waschen und alles grob würfeln. Die Schalotten und den Knoblauch schälen, beides fein würfeln. Den Ingwer schälen und fein reiben.

2 In einem Topf das Butterschmalz erhitzen und die Schalotten- und Knoblauchwürfel darin hell andünsten. Das übrige Gemüse zugeben und kurz mit anbraten. Alles mit der Brühe ablöschen, mit Salz und Pfeffer würzen und unter gelegentlichem Rühren etwa 30 Minuten bei geringer Hitze köcheln lassen.

3 Zum Schluss Sahne und Crème fraîche in die Suppe geben und alles fein pürieren. Nach Bedarf noch etwas einköcheln lassen oder noch etwas Brühe zugeben. Die Suppe mit Salz und Pfeffer abschmecken und in Töpfchen oder tiefen Tellern anrichten. Die Pastinaken-Cremesuppe mit Kürbis- und Sonnenblumenkernen, Sesam und Leinsamen bestreuen und servieren.

ZUTATEN

25 g KH

- 500 g Pastinaken
- 250 g Kohlrabi
- 200 g Knollensellerie
- 2 Schalotten
- 2 Knoblauchzehen
- 1 cm Ingwer
- 1–2 EL Butterschmalz
- 800 ml Gemüsebrühe
- Salz und Pfeffer
- 150 g Sahne
- 2–3 EL Crème fraîche
- 2 EL Kürbiskerne
- 1 EL Sonnenblumenkerne
- 1 EL Sesamsaat
- 1 EL Leinsamen

ZUTATEN

24 g KH

- 3 rote Paprikaschoten
- 2 Karotten
- 150 g Knollensellerie
- 1 Zwiebel
- 1 EL Olivenöl
- 2 EL Tomatenmark
- 750 ml Gemüsebrühe
- 200 g Sahne
- 400 g passierte Tomaten (Dose)
- 2 TL edelsüßes Paprikapulver
- Salz und Pfeffer
- 2 TL Meerrettich (Glas)
- 50 g Rucola
- 1 EL Zitronensaft

FÜR 4 PORTIONEN | 40 MIN.

VEG GLU

Paprika-Cremesuppe mit Meerrettichsahne

PRO PORTION 296 kcal | 6 g E | 18 g F

1 Paprika, Karotten, Sellerie und Zwiebel schälen, waschen und putzen. Alles würfeln. Zusammen in einem Topf im heißen Öl andünsten. Das Tomatenmark zugeben und kurz mitrösten. Die Brühe, 100 g Sahne und Tomaten zugeben und alles aufkochen lassen. Mit Paprikapulver, Salz und Pfeffer würzen und die Suppe unter gelegentlichem Rühren etwa 20 Minuten köcheln lassen.

2 Die übrige Sahne cremig aufschlagen und den Meerrettich unterziehen. Rucola waschen und trocken schleudern. Die Suppe fein pürieren, nach Bedarf noch ein wenig einkochen lassen oder mit etwas Wasser verdünnen. Mit Zitronensaft, Salz und Pfeffer abschmecken. Etwas von der Meerrettichsahne darauf setzen, mit Rucola garnieren und mit der übrigen Meerrettichsahne servieren.

Ein Löffel voller Wohlgefühl

FÜR 4 PORTIONEN | 50 MIN.

VEG GLU

Scharfe Karotten-Cremesuppe mit Rauchmandeln

PRO PORTION 312 kcal | 9 g E | 23 g F

1 Zwiebeln und Ingwer schälen, beides fein würfeln. Karotten schälen, waschen, putzen und in Stücke schneiden. Die Chilis waschen, nach Belieben entkernen und in feine Würfel schneiden.

2 Das Olivenöl in einem Topf erhitzen, Zwiebeln, Ingwer, Karotten und Chilis darin andünsten. Dann die Gewürze zugeben, kurz mitrösten und mit Gemüsebrühe ablöschen. Alles mit Salz und Pfeffer würzen und die Suppe abgedeckt etwa 25 Minuten bei niedriger Hitze köcheln lassen.

3 Inzwischen Knoblauch schälen und sehr fein hacken. Mit dem Joghurt und dem Zitronensaft in einer Schüssel verrühren und alles mit Salz und Pfeffer abschmecken. Rote Zwiebel schälen und in feine Streifen schneiden. Die Rauchmandeln grob hacken. Koriander waschen, trocken schütteln und die abgezupften Blättchen hacken.

4 Die Zimtstange aus der Suppe entfernen, Suppe dann fein pürieren. In Schüsseln anrichten, mit der Joghurt-Mischung, Mandeln, Zwiebeln und Koriander garnieren und servieren.

• TIPP • Rauchmandeln sind mit Raucharomen gewürzt und ein beliebter herzhafter Snack. Es gibt sie in unterschiedlichen Geschmacksrichtungen in deinem Supermarkt um die Ecke.

ZUTATEN

18 g KH

- 2 Zwiebeln
- 4 cm Ingwer
- 800 g Karotten
- 2 Chilischoten
- 2 EL Olivenöl
- 2 TL gemahlener Kreuzkümmel
- 1 TL gemahlener Koriander
- 1 Zimtstange
- 1 l Gemüsebrühe
- Salz und Pfeffer
- 2 Knoblauchzehen
- 200 g griechischer Joghurt
- 1 EL Zitronensaft
- ½ rote Zwiebel
- 60 g Rauchmandeln
- 3 Stiele Koriander

Leicht & bekömmlich

Mit Fleisch

MAGERES FLEISCH
WIE VON HÄHNCHEN, PUTE,
LAMM ODER RIND
IST EINE GUTE QUELLE
FÜR WICHTIGE NÄHRSTOFFE
UND PROTEINE.
WIR BEREITEN DAS FLEISCH
SCHONEND ZU
UND KOMBINIEREN ES CLEVER.

ZUTATEN

16 g KH

- 300 g Zwiebeln
- 750 g gemischtes Gulasch
- 1 EL Butterschmalz
- 1 EL Tomatenmark
- 1 EL edelsüßes Paprikapulver
- 1½–1 TL rosenscharfes Paprikapulver
- 1 l Gemüsebrühe
- Salz und Pfeffer
- 2 Lorbeerblätter
- 1 rote Paprikaschote
- 1 gelbe Paprikaschote
- 1 grüne Paprikaschote
- 850 g Sauerkraut (Dose)
- 4 Stiele Petersilie
- Etwas saure Sahne oder Schmand nach Belieben

FÜR 4 PORTIONEN | 85 MIN.

GLU

Sauerkraut-Gulasch-Eintopf

PRO PORTION 486 kcal | 44 g E | 24 g F

1 Zwiebeln schälen, halbieren und in dünne Spalten schneiden. Butterschmalz in einem Bräter erhitzen. Das Gulasch darin rundherum bei hoher Hitze kräftig anbraten. Zwiebeln zugeben, kurz mitbraten, dann Tomatenmark und beide Paprikapulversorten zugeben, anrösten und alles mit der Gemüsebrühe ablöschen. Mit Salz und Pfeffer würzen, Lorbeer zugeben und alles 30–40 Minuten zugedeckt schmoren.

2 Inzwischen Paprikaschoten waschen, putzen und in Streifen schneiden. Sauerkraut gut abtropfen lassen. Petersilie waschen, trocken tupfen und die abgezupften Blättchen fein hacken.

3 Paprika und Sauerkraut zum Gulasch geben, alles weitere 30 Minuten garen. Dann Lorbeer entfernen, mit Salz und Pfeffer abschmecken. Anschließend mit Petersilie garniert servieren. Nach Belieben mit etwas saurer Sahne oder Schmand toppen.

• TIPP • Sauerkraut kommt gleich dreifach einem gesunden Darm zugute. Es enthält Probiotika, die das Gleichgewicht zwischen guten und schlechten Bakterien im Darm aufrechterhalten. Es ist reich an Ballaststoffen und liefert jede Menge Vitamin C, Kalium und Eisen, die gut für deine allgemeine Gesundheit sind.

FÜR 4 PORTIONEN | 40 MIN.

LAC

Asia-Rindfleisch mit Teriyakisauce

PRO PORTION 444 kcal | 48 g E | 21 g F

1 Knoblauch und Ingwer schälen, beides fein würfeln. Chili waschen und fein würfeln. Lauch putzen, gut waschen und in Ringe schneiden. Paprika waschen, entkernen und in Streifen schneiden. Brokkoli waschen, putzen und in kleine Röschen teilen. Rindfleisch trocken tupfen und in Streifen schneiden.

2 2 EL Sesamöl in einem kleinen Topf erhitzen und den Sesam darin rösten. Knoblauch, Ingwer und Chili zugeben und darin andünsten. Sesamöl, Sojasauce, Zitronensaft und Xylit zugeben und offen 4 Minuten köcheln lassen. Die Teriyakisauce vom Herd nehmen.

3 1 EL Öl in einer Pfanne erhitzen und das Fleisch darin 1 Minute scharf anbraten. Mit etwa ⅓ der Teriyakisauce ablöschen und etwas einköcheln lassen. Herausnehmen und übriges Öl in die Pfanne geben. Gemüse darin andünsten. Übrige Sauce zugeben und dann alles etwa 5 Minuten köcheln lassen.

4 Koriander waschen, trocken tupfen und Blättchen abzupfen. Sprossen verlesen, waschen und trocken schleudern. Fleisch in die Pfanne geben und unter das Gemüse mengen. Alles mit Salz und Pfeffer abschmecken. Mit Sprossen und Koriander auf Tellern anrichten und servieren.

ZUTATEN

18 g KH

- 1 Knoblauchzehe
- 30 g Ingwer
- ½ Chilischote
- 1 Stange Lauch
- 2 rote Paprikaschoten
- 500 g Brokkoli
- 500 g Rinderfilet
- 4 EL Sesamöl
- 2 EL Sesamsaat
- 100 ml Sojasauce
- Saft von ½ Zitrone
- 2 TL Xylit
- 4 Stiele Koriander
- 100 g Mungobohnensprossen
- Salz und Pfeffer

ZUTATEN

25 g KH

- 400 g Rosenkohl
- Salz und Pfeffer
- 2 Frühlingszwiebeln
- 4 Stiele Thymian
- 2 EL Zitronensaft
- 2 EL dunkler Balsamicoessig
- 4 EL Walnussöl
- ½ TL Xylit
- 400 g Topinambur
- 7 EL Olivenöl
- 1 Knoblauchzehe
- 250 g Ricotta
- Etwas frisch geriebene Muskatnuss
- 250 g Spinat
- 4 Putenschnitzel (à 150 g)
- 200 ml Geflügelfond

FÜR 4 PORTIONEN | 70 MIN.

GLU

Putenröllchen mit Rosenkohlsalat

PRO PORTION 625 kcal | 53 g E | 37 g F

1 Vom Rosenkohl die äußeren Blätter entfernen, den Strunk abschneiden und die Kohlköpfchen vierteln. In kochendem Salzwasser 3–4 Minuten blanchieren. Abgießen, abschrecken und abtropfen lassen. Frühlingszwiebeln putzen, waschen und in feine Röllchen schneiden. Thymian waschen, trocken schütteln und die Blättchen abzupfen.

2 Zitronensaft, Balsamico, Xylit und Walnussöl kräftig verschlagen und mit Salz und Pfeffer würzen. Rosenkohl, Frühlingszwiebeln und die Hälfte vom Thymian mit dem Dressing vermengen, leicht durchkneten und bis zum Servieren ziehen lassen.

3 Den Backofen auf 200 °C Ober-/Unterhitze vorheizen. Topinambur gut waschen und die Knollen halbieren. Mit übrigem Thymian, 4 EL Olivenöl, etwas Salz und Pfeffer vermengen und auf einem mit Backpapier belegten Backblech verteilen. Im vorgeheizten Ofen 35–40 Minuten backen, dabei zwischendurch wenden.

4 Inzwischen Knoblauch schälen, durch die Knoblauchpresse zum Ricotta drücken. Kräftig mit Muskat, Salz und Pfeffer würzen. Spinat waschen, 2–3 Minuten in kochendem Salzwasser blanchieren, abgießen, abschrecken und gut ausdrücken, dann fein hacken.

5 Die Putenschnitzel trocken tupfen, bei Bedarf etwas flacher klopfen und rundherum mit Salz und Pfeffer würzen. Mit der Ricottamasse bestreichen und mit dem Spinat belegen, dann eng aufrollen und mit Holzspießen feststecken. Übriges Öl in einer großen Pfanne mit Deckel erhitzen, die Röllchen darin rundherum scharf anbraten. Mit Fond ablöschen und zugedeckt 10–15 Minuten garen.

6 Topinambur aus dem Ofen nehmen. Holzspieße aus den Putenröllchen entfernen, Röllchen aufschneiden und mit Topinambur sowie Rosenkohlsalat anrichten, dann servieren.

• TIPP • Für eine bessere Bekömmlichkeit des Rosenkohls kannst du etwas Kümmelsaat in den Salat geben. Für etwas Biss und eine feine Note sorgen einige geröstete Haselnussblättchen. Den Bratsatz der Putenröllchen kannst du mit etwas Sahne loskochen, bei Bedarf mit Stärke binden, abschmecken und als Sauce dazu servieren.

Mit
Topinambur
verfeinert

ZUTATEN

16 g KH

- 1 Blumenkohl
- 1 Knoblauchzehe
- 1 Zwiebel
- 1 Zucchini
- ½ Bund Thai-Basilikum
- 600 g Putenbrustfilet
- 2 EL Rapsöl
- 1 EL gelbe Currypaste
- 400 ml Kokosmilch (Dose)
- 200 ml Geflügelbrühe
- 2 EL Sojasauce
- 50 g Cashewkerne
- Salz und Pfeffer

FÜR 4 PORTIONEN | 40 MIN.

LAC

Puten-Blumenkohl-Curry

PRO PORTION 543 kcal | 45 g E | 32 g F

1 Blumenkohl von Blättern befreien, Strunk entfernen, den Kopf in kleine Röschen schneiden und waschen. Den Knoblauch und die Zwiebel schälen, beides fein würfeln. Die Zucchini waschen, längs halbieren und in Scheiben schneiden. Basilikum waschen, trocken schütteln und die abgezupften Blättchen grob hacken. Putenfleisch trocken tupfen, von Sehnen befreien und in kleine Stücke schneiden.

2 Das Öl in einem Wok oder großem Topf erhitzen, Zwiebel und Knoblauch darin zusammen mit der Currypaste 1–2 Minuten dünsten. Das Putenfleisch dazugeben und 2–3 Minuten mitbraten. Blumenkohl hinzufügen und weitere 2–3 Minuten braten. Mit Geflügelbrühe und Kokosmilch ablöschen, Sojasauce und Basilikum dazugeben und dann alles 10–12 Minuten köcheln lassen. Nach etwa 5 Minuten Zucchini dazugeben und mitgaren.

3 Cashewkerne in einer Pfanne ohne Zugabe von Fett rösten. Das Curry mit Salz und Pfeffer abschmecken, mit den Cashewkernen anrichten und servieren.

Soooo cremig!

FÜR 4 PORTIONEN | 40 MIN.

GLU

Gemüsepfanne mit gebratenen Hähnchenstreifen

PRO PORTION 311 kcal | 33 g E | 13 g F

1 Das Gemüse gut waschen und putzen. Bei den Mairübchen und den Karotten etwas Grün stehen lassen. Den Sellerie bei Bedarf entfädeln, dann schräg in etwa 3 cm lange Stücke schneiden. Paprika halbieren, entkernen und in Streifen schneiden. Kohlrabi schälen und in Stifte schneiden. Lauch gut waschen und in Ringe schneiden.

2 Die Butter in einer Pfanne mit Deckel zerlassen. Das Gemüse zugeben und 2 Minuten darin anbraten. Sherry und Gemüsebrühe zugeben und das Gemüse bei mittlerer Hitze unter gelegentlichem Rühren zugedeckt etwa 10 Minuten bissfest garen.

3 In der Zwischenzeit das Hähnchenbrustfilet waschen und trocken tupfen, in etwa 1 cm breite Streifen schneiden. Öl in einer Pfanne erhitzen und das Hähnchen darin in etwa 4 Minuten rundherum goldbraun anbraten. Mit Paprikapulver, Salz und Pfeffer würzen.

4 Schnittlauch waschen, trocken tupfen und in feine Röllchen schneiden. Gemüse mit Salz und Pfeffer würzen. Mit Schnittlauch sowie Hähnchenstreifen anrichten und servieren.

• TIPP • Eiweiß ist wichtig für den Muskelaufbau und für dein Sättigungsgefühl. Daher kombinieren wir hier das Gemüse mit kross angebratenen Hähnchenstreifen.

ZUTATEN

15 g KH

- 400 g kleine Mairübchen
- 400 g junge, kleine Karotten
- 3 Stangen Staudensellerie
- 1 rote Paprikaschote
- 400 g Kohlrabi
- 1 Stange Lauch
- 30 g Butter
- 2 EL trockener Sherry
- 50 ml Gemüsebrühe
- 500 g Hähnchenbrustfilet
- 2 EL Rapsöl
- 1–2 TL edelsüßes Paprikapulver
- Salz und Pfeffer
- ½ Bund Schnittlauch

ZUTATEN

12 g KH

- 12 Lammkoteletts
- 250 g Sahnejoghurt
- 2 Knoblauchzehen
- ½ Bund gemischte Kräuter (z. B. Petersilie, Basilikum, Thymian)
- 300 g Stangenbohnen
- Salz und Pfeffer
- 150 g Kirschtomaten
- 1 rote Zwiebel
- 1 Chilischote
- 5 EL Olivenöl
- 3 EL Rotweinessig

FÜR 4 PORTIONEN | 60 MIN. ZZGL. 4 STD. KÜHLZEIT

GLU

Lammkoteletts mit Bohnen-Tomaten-Salat

PRO PORTION 769 kcal | 51 g E | 59 g F

1 Das Fleisch trocken tupfen. Mit 150 g Joghurt in eine Schale geben. Knoblauch schälen und hacken. Die Kräuter waschen und trocken schütteln. Blättchen abzupfen. Die Hälfte davon hacken und mit dem Knoblauch zum Fleisch geben. Alles vermengen und mindestens 4 Stunden im Kühlschrank marinieren.

2 Die Bohnen waschen, putzen und 6–7 Minuten in kochendem Salzwasser bissfest blanchieren. Abgießen, abschrecken und abtropfen lassen. Tomaten waschen und vierteln. Zwiebel schälen, halbieren und in Streifen schneiden. Chili waschen und in feine Ringe schneiden. Übrige Kräuter hacken, mit Bohnen, Tomaten, Zwiebel, Chili, Olivenöl, Essig, Salz und Pfeffer in einer Schüssel vermengen.

3 Das Fleisch aus der Marinade nehmen und abtupfen. Nun die Koteletts auf dem heißen Grill oder in der Grillpfanne garen. Mit Salz und Pfeffer würzen, dann mit dem Bohnensalat auf Teller verteilen. Das Gericht mit dem restlichen Joghurt servieren.

• **TIPP** • Hier wird das Lammfleisch in Joghurt mariniert, was es noch zarter macht und dabei hilft, dass die Gewürze und Kräuter besser am Fleisch haften. So bekommst du die volle Geschmackspower von all den guten Zutaten!

Du liebst italienisches Essen genauso wie wir? Dann schau jetzt hier nach, wie die Klassiker in Low Carb funktionieren!

Mediterraner
Genuss

ZUTATEN

25 g KH

- 600 g gemischtes Hack
- 40 g gemahlene Mandeln
- 2 TL mittelscharfer Senf
- 1 Ei
- 1 TL Korianderpulver
- 1 TL Kreuzkümmelpulver
- Salz und Pfeffer
- 3–4 EL Rapsöl
- 1 kleiner Hokkaidokürbis (etwa 1 kg)
- 400 g rote Spitzpaprikaschoten
- 3 rote Zwiebeln
- 2 unbehandelte Zitronen
- 100 g schwarze Oliven
- 3 EL Olivenöl
- 100 g Feta
- 40 g Rucola

FÜR 4 PORTIONEN | 60 MIN.

GLU

Hackbällchen und Gemüse aus dem Ofen

PRO PORTION 801 kcal | 41 g E | 62 g F

1 Hack in eine Schüssel geben. Mandeln, Senf, Ei, Koriander- und Kreuzkümmelpulver dazugeben. Alles mit Salz und Pfeffer würzen und gut verkneten. Aus der Hackmasse mit leicht angefeuchteten Händen kleine Bällchen formen, diese mit dem Rapsöl bestreichen.

2 Den Backofen auf 180 °C Ober-/Unterhitze vorheizen. Kürbis und Paprikaschoten waschen und putzen. Den Kürbis in Spalten, die Paprikaschoten schräg in grobe Streifen schneiden. Zwiebeln schälen, Zitronen heiß abwaschen. Beides in Spalten schneiden. Gemüse und Zitronen mit den abgetropften Oliven und dem Olivenöl vermengen. Den Mix mit den Hackbällchen auf einem mit Backpapier belegten Backblech verteilen. Alles mit etwas Salz und Pfeffer würzen und im vorgeheizten Ofen 25–30 Minuten backen. In den letzten 10 Minuten den zerbröckelten Feta darüberstreuen und mitbacken.

3 Den Rucola verlesen, dann waschen und trocken schleudern. Hackbällchen und Gemüse aus dem Backofen nehmen, mit Rucola garnieren und servieren.

• **TIPP** • Und dazu: Tomatensalsa! Dafür je 1 rote Zwiebel, Knoblauchzehe und Chilischote fein würfeln, mit 4 pürierten Tomaten, 3 EL gehackter Petersilie und 4 EL Olivenöl mischen. Salsa mit Xylit, Salz und Pfeffer abschmecken.

FÜR 4 PORTIONEN | 30 MIN.

LAC

Rindfleisch-Wok süßsauer

PRO PORTION 380 kcal | 33 g E | 17 g F

1 Das Fleisch trocken tupfen, erst in Scheiben, dann in mundgerechte Streifen schneiden. Dann mit 2 EL Sojasauce und 2 EL Mirin mischen und bis zur Verwendung abgedeckt marinieren. Paprika, Frühlingszwiebeln, Edamame und Brokkoli waschen und putzen. Die Paprika in Streifen, die Frühlingszwiebeln in Ringe schneiden und den Brokkoli in Röschen teilen. Ein paar hellgrüne Frühlingszwiebelringe zum Garnieren beiseitelegen.

2 Die Ananas in kleine Stücke schneiden. Das Fleisch in einer Pfanne in 1 EL heißem Öl rundherum scharf anbraten. Aus der Pfanne nehmen und Paprika und Brokkoli dann im restlichen Öl unter Rühren 2–3 Minuten anbraten. Die Frühlingszwiebeln und Edamame zugeben und kurz mitbraten. Mit übriger Sojasauce und etwas Wasser ablöschen. Mit Szechuanpfeffer, Salz und Sesamöl würzen, anschließend 1–2 Minuten köcheln.

3 Ananas mit Fleisch zugeben und einige Minuten gar ziehen lassen. Vor dem Servieren mit Limettensaft und Mirin süßsauer abschmecken und mit den übrigen Frühlingszwiebeln bestreuen.

• **TIPP** • Mirin ist eine traditionelle japanische Reisweinwürze, die Alkohol enthält und recht salzig schmeckt. Alternativ kannst du auch eine Mischung aus Apfelsaft und Reisessig probieren.

ZUTATEN

17 g KH

- 400 g Rinderhüftsteaks
- 4 EL Sojasauce
- 4 EL Mirin (im Asialaden erhältlich)
- 2 rote Paprikaschoten
- 3 Frühlingszwiebeln
- 150 g Edamame
- 400 g Brokkoli
- 200 g Ananas-Fruchtfleisch
- 2 EL Rapsöl
- Salz und Szechuanpfeffer
- 1 TL Sesamöl
- 3 EL Limettensaft

ZUTATEN

17 g KH

- 50 g Parmesan
- 3 Eier
- Salz und Pfeffer
- 3 TL edelsüßes Paprikapulver
- 500 g Hähnchenbrustfilet
- 50 g Mandelmehl
- 1 rote Zwiebel
- 1 Knoblauchzehe
- 1 EL getrocknete italienische Kräuter
- 5 EL Olivenöl
- 3 EL dunkler Balsamicoessig
- 175 g Frühlingszwiebeln
- 450 g Zucchini
- 1 rote Paprikaschote
- 1 gelbe Paprikaschote
- 200 g Tomaten
- 200 g Feta

FÜR 4 PORTIONEN | 40 MIN.

GLU

Mini-Parmesan-Schnitzel mit mediterranem Salat

PRO PORTION 640 kcal | 50 g E | 42 g F

1 Den Backofen auf 180 °C Umluft vorheizen. Den Parmesan fein reiben und auf einen flachen Teller geben. Die Eier mit ½ TL Salz, etwas Pfeffer sowie 2 TL Paprikapulver verquirlen.

2 Die Hähnchenschnitzel trocken tupfen und in kleine Schnitzel schneiden, bei Bedarf plattieren. Jeweils erst im Mandelmehl wenden, dann durch die verquirlten Eier ziehen und zum Schluss im Parmesan wälzen.

3 Die Panade gut andrücken, auf ein mit Backpapier belegtes Backblech geben und im heißen Ofen etwa 20 Minuten backen. Nach der Hälfte der Zeit die Schnitzel einmal wenden.

4 In der Zwischenzeit Zwiebel und Knoblauch schälen und sehr fein würfeln. Mit getrockneten Kräutern, übrigem Paprikapulver, Öl, Essig, etwas Salz und Pfeffer verquirlen. Frühlingszwiebeln putzen, waschen und in feine Ringe schneiden, dabei 1 Handvoll für die Garnitur beiseitestellen. Zucchini, Paprika und Tomaten ebenfalls waschen, putzen und fein würfeln. Den Feta gut abtropfen lassen und grob zerbröseln. Alle vorbereiteten Salatzutaten mit dem Dressing vermengen.

5 Die Mini-Schnitzel aus dem Ofen nehmen und mit dem Salat auf Tellern anrichten. Mit den übrigen Frühlingszwiebeln bestreuen und servieren.

FÜR 4 PORTIONEN | 50 MIN.
GLU

Gemüse-Reis mit Hähnchen-Pilz-Sauce

PRO PORTION 432 kcal | 46 g E | 19 g F

16 g KH

ZUTATEN

- 1 Blumenkohl
- 1 Brokkoli
- 1 Zwiebel
- 1 Knoblauchzehe
- ½ Bund Petersilie
- 150 g braune Champignons
- 150 g Pfifferlinge
- 600 g Hähnchenbrustfilet
- 2 EL Olivenöl
- Salz und Pfeffer
- 100 ml trockener Weißwein
- 500 ml Gemüsebrühe
- 150 g Sahne
- 1 ½ TL Stärke

1 Blumenkohl und Brokkoli putzen, in kleine Röschen teilen und waschen. In der Küchenmaschine oder auf dem Küchenhobel zu reiskorngroßen Raspeln verarbeiten. Zwiebel und Knoblauch schälen, beides fein würfeln. Petersilie waschen, trocken schütteln und die abgezupften Blättchen fein hacken. Pilze putzen und vierteln. Hähnchenbrustfilet trocken tupfen und in Streifen schneiden.

2 1 EL Öl in einer Pfanne erhitzen. Das Fleisch darin rundherum scharf anbraten, dann aus der Pfanne nehmen und beiseitestellen. Übriges Öl in die Pfanne geben und die Pilze darin rundherum scharf anbraten. Zwiebel und Knoblauch zugeben und kurz mitbraten. Mit Salz und Pfeffer würzen und mit dem Weißwein ablöschen. Etwas verkochen lassen, dann 400 ml Brühe sowie Sahne zugießen, Fleisch zugeben und alles aufkochen lassen. 10–12 Minuten köcheln lassen, dabei zwischendurch umrühren.

3 Inzwischen Blumenkohl und Brokkoli mit übriger Brühe in einen Topf geben, mit Salz und Pfeffer würzen, abgedeckt 5–7 Minuten dünsten. Die Stärke mit wenig Wasser anrühren und dann die Hähnchen-Pilz-Sauce damit binden. ⅔ der Petersilie unterrühren und die Sauce abschmecken. Blumenkohl-Brokkoli-Reis mit Hähnchen-Pilz-Sauce auf Tellern anrichten, mit übriger Petersilie garnieren und anschließend servieren.

Frisch auf dem Teller

Mit Fisch

LACHS, THUNFISCH & HERING
SIND IDEAL FÜR DEINE
EFFEKTIVE
ANTI-BAUCHFETT-
ERNÄHRUNG.
DENN SIE SIND KALORIENARM
UND STECKEN VOLLER
GESUNDER NÄHRSTOFFE.

ZUTATEN

23 g KH

- 5 Eiweiß
- 2 kg grobes Meersalz
- 30 g Stärke
- 1 Kabeljau (etwa 1,5 kg, küchenfertig)
- Saft von 1 Limette
- Salz und Pfeffer
- 100 g grüne Linsen
- 50 g braune Linsen
- 3 Lorbeerblätter
- 1 Zwiebel
- 4 Stiele Petersilie
- 3 EL Apfelessig
- 7 EL Olivenöl

FÜR 4 PORTIONEN | 50 MIN.

LAC GLU

Kabeljau im Salzmantel auf Linsensalat

PRO PORTION 567 kcal | 78 g E | 15 g F

1 Den Backofen auf 200 °C Ober-/Unterhitze vorheizen. Eiweiß, Meersalz und Stärke verrühren.

2 Den Fisch waschen, trocken tupfen und mit dem Limettensaft sowie etwas Pfeffer einreiben. Die Hälfte der Salzmasse in einer großen Auflaufform verteilen. Den Fisch darauf geben, mit der übrigen Salzmasse rundum ummanteln, sodass der Fisch komplett und luftdicht von der Salzkruste bedeckt ist. Im vorgeheizten Backofen für etwa 30 Minuten garen.

3 Inzwischen Linsen waschen, mit etwa 500 ml Wasser und den Lorbeerblättern in einen Topf geben und 20–25 Minuten garen. Anschließend abgießen, abschrecken und gut abtropfen lassen. Linsen in eine Schüssel umfüllen. Zwiebel schälen und fein würfeln. Petersilie waschen, trocken schütteln und die abgezupften Blättchen fein hacken. Anschließend Essig, Salz, Pfeffer und 4 EL Öl verquirlen, Zwiebel und ⅔ der Petersilie unterrühren. Das Dressing über die Linsen geben und alles vermengen.

4 Den Fisch aus dem Ofen nehmen, aus der Salzkruste lösen und mit dem übrigen Öl beträufeln. Den Linsensalat mit übriger Petersilie garnieren und mit dem Fisch servieren.

• TIPP • Der Kabeljau versorgt dich mit gesunden Fettsäuren und Proteinen und schmeckt recht mild.

FÜR 4 PORTIONEN | 45 MIN.

GLU

Gebratener Matjes mit Spargelsalat

PRO PORTION 724 kcal | 28 g E | 65 g F

1 Spargel schälen, waschen und mit einem Gemüsehobel längs in dünne Scheiben hobeln. Portulak und Petersilie waschen und trocken schütteln. Die abgezupften Petersilienblättchen fein hacken. Die Zitrone halbieren und den Saft auspressen.

2 Den Joghurt mit Öl, Senf und Brühe glatt rühren und mit Xylit, Salz, Pfeffer und etwas Zitronensaft abschmecken.

3 Die Matjesfilets waschen und trocken tupfen. Anschließend von allen Seiten im Mandelmehl wenden. Butterschmalz in einer großen Pfanne erhitzen und die Matjesfilets von jeder Seite etwa 1 Minute braten. Salzen, pfeffern und mit Zitronensaft beträufeln.

4 Den Spargel mit Portulak, Petersilie und dem vorbereiteten Dressing mischen. Zusammen mit den gebratenen Matjesfilets anrichten und das Gericht servieren.

• TIPP • Obwohl Matjes recht fettreich ist, handelt es sich hier hauptsächlich um gesunde ungesättigte Fette. Diese sind wichtig für die Gesundheit des Herzens und können helfen, das schlechte Cholesterin zu senken.

ZUTATEN

9 g KH

- 400 g weißer Spargel
- 100 g Portulak
- ½ Bund Petersilie
- 1 Zitrone
- 150 g Joghurt
- 2 EL Olivenöl
- 1 TL mittelscharfer Senf
- 2–3 EL Gemüsebrühe
- 1 Prise Xylit
- Salz und Pfeffer
- 4 Matjes-Doppelfilets
- 75 g Mandelmehl
- 80 g Butterschmalz

ZUTATEN

19 g KH

- 1 rote Zwiebel
- 2 Knoblauchzehen
- 1 Chilischote
- 60 g schwarze Oliven
- 1 EL Kapern in Lake (Glas)
- 2 unbehandelte Orangen
- 1 rote Spitzpaprikaschote
- 600 g Kabeljaufilet
- 3 EL Olivenöl
- Salz und Pfeffer
- 800 g stückige Tomaten (Dose)
- 1–2 EL Zitronensaft
- 1 Prise Xylit
- 2 Stiele Petersilie
- 2 Stiele Thymian

FÜR 4 PORTIONEN | 30 MIN.

LAC GLU

Fischpfanne mit Tomaten und Oliven

PRO PORTION 296 kcal | 30 g E | 12 g F

1 Zwiebel schälen und in Streifen schneiden. Knoblauch schälen, Chili waschen und putzen, beides sehr fein hacken. Oliven und Kapern abtropfen lassen und klein schneiden. Orangen heiß waschen, 1 Frucht in Scheiben schneiden, von der übrigen die Schale fein abreiben. Anschließend halbieren und den Saft auspressen. Paprikaschote waschen, putzen und in Streifen schneiden. Fisch waschen, trocken tupfen und in Stücke schneiden.

2 Das Öl in einer Pfanne erhitzen, Zwiebel, Paprika, Chili und Knoblauch darin anbraten. Alles mit Salz, Pfeffer und Orangenschale würzen, mit Tomaten sowie Orangensaft aufgießen und unter gelegentlichem Rühren aufkochen. ⅔ der Oliven und Kapern dazugeben.

3 Die Sauce mit Salz, Zitronensaft und Xylit abschmecken. Fisch dazugeben und in der Sauce in etwa 5 Minuten gar ziehen lassen. Die Kräuter waschen und trocken schütteln. Die Blättchen abzupfen und fein hacken. Die Fischpfanne mit übrigen Oliven, Kapern und Kräutern bestreuen, mit den Orangenscheiben servieren.

• **TIPP** • Die Kombination aus salzigen Oliven, würzigen Kapern, süßen Tomaten, scharfem Chili, saftiger Orange und frischem Fisch bietet eine breite Palette von Aromen, die zusammen ein wirklich harmonisches Geschmackserlebnis schaffen. Mit nur 296 kcal pro Portion ist dieses Gericht eine vergleichsweise kalorienarme Option, die dennoch satt und zufrieden macht.

Frisch, leicht
und voller
Geschmack

ZUTATEN

13 g KH

- 1 Zwiebel
- 2 Knoblauchzehen
- 750 g Spinat
- 2 TL Sesamöl
- 1 EL rote Currypaste
- 400 ml Kokosmilch (Dose)
- Saft von 1 Limette
- 1–2 EL Sojasauce
- Salz und Pfeffer
- 4 Lachsfilets (à etwa 150 g, mit Haut)
- 1 EL Rapsöl
- 40 g gehackte, geröstete Cashewkerne

FÜR 4 PORTIONEN | 40 MIN.

LAC GLU

Lachs-Spinat auf Kokosschaum

PRO PORTION 773 kcal | 51 g E | 56 g F

1 Knoblauch und Zwiebel schälen, beides fein würfeln. Spinat waschen und abtropfen lassen. Für den Kokosschaum 1 TL Sesamöl in einem kleinen Topf erhitzen, Currypaste dazugeben, 1–2 Minuten anbraten. Mit Kokosmilch ablöschen, verrühren und aufkochen lassen. Mit Limettensaft und Sojasauce abschmecken und warmhalten.

2 Für den Spinat übriges Sesamöl in einem Topf erhitzen. Knoblauch und Zwiebel dann darin 2–3 Minuten glasig dünsten. Spinat dazugeben und zusammenfallen lassen. Mit Salz und Pfeffer würzen und unter gelegentlichem Rühren 4–5 Minuten abgedeckt garen.

3 Den Lachs waschen und trocken tupfen. Mit Salz würzen und in einer Pfanne in heißem Rapsöl auf der Hautseite etwa 5 Minuten langsam goldbraun braten, dann wenden und 2–3 Minuten gar ziehen lassen.

4 Inzwischen die Kokossauce mit einem Pürierstab 1–2 Minuten leicht aufschäumen. Spinat auf die Teller geben, mit Lachs sowie Kokosschaum anrichten, mit Cashewkernen garnieren, dann servieren.

Sterneküche? Nee, ganz easy!

FÜR 4 PORTIONEN | 25 MIN.

LAC GLU

Zucchininudeln mit Thunfischcreme

PRO PORTION 562 kcal | 16 g E | 53 g F

1 Den Thunfisch abtropfen lassen und mit einer Gabel grob zerpflücken. Die Kapern abtropfen lassen. Die Oliven in Scheiben schneiden.

2 Ei, Senf, 1 TL Zitronensaft, Rapsöl und 70 ml Olivenöl in einen Rührbecher geben und alles dickcremig aufmixen. Den Thunfisch, die Sardellen und 1 EL Kapern zufügen und alles zu einer nicht zu feinen Creme mixen. Die Thunfischcreme salzen, pfeffern, abschmecken und die Hälfte der Oliven untermischen.

3 Die Zucchini waschen, putzen und mit dem Spiralschneider zu Nudeln verarbeiten. Den Knoblauch schälen und fein hacken. Restliches Olivenöl in einer großen Pfanne erhitzen und den Knoblauch darin andünsten. Die Zucchinispiralen zugeben und unter gelegentlichem Wenden etwa 5 Minuten bissfest garen, dann mit Salz, Pfeffer und 1–2 EL Zitronensaft würzen.

4 Zucchininudeln abschmecken, auf Teller verteilen und die Thunfischcreme darauf anrichten. Alles mit den übrigen Oliven und Kapern bestreuen und servieren.

• TIPP • Zucchininudeln sind eine tolle kohlenhydratarme Alternative zu herkömmlicher Pasta. Sie sind kalorienärmer, enthalten weniger Kohlenhydrate und sind eine gute Quelle für Ballaststoffe, Vitamine und Mineralstoffe.

ZUTATEN

5 g KH

- 180 g Thunfisch im eigenen Saft (Dose)
- 3 EL Kapern in Lake (Glas)
- 40 g entsteinte, schwarze Oliven
- 1 Ei
- 1 TL Senf
- Saft von ½ Zitrone
- 6 EL Rapsöl
- 100 ml Olivenöl
- 2 Sardellenfilets in Öl (Glas)
- Salz und Pfeffer
- 500 g Zucchini
- 1 Knoblauchzehe

ZUTATEN

25 g KH

- 1 EL Margarine
- 250 g TK-Erbsen
- 50 ml trockener Weißwein
- 200 ml Milch (1,5 %)
- 100 ml Gemüsebrühe
- 1 TL Stärke
- 2 EL Zitronensaft
- 1 TL Honig
- Salz und Pfeffer
- 200 g Edamamenudeln
- 200 g Flusskrebsfleisch
- 1 rote Zwiebel

FÜR 4 PORTIONEN | 25 MIN.

Edamamepasta mit Erbsen und Flusskrebsen

PRO PORTION 357 kcal | 36 g E | 7 g F

1 Die Margarine in einem Topf erhitzen. Erbsen zugeben und kurz darin dünsten. Dann mit dem Weißwein ablöschen, etwas verköcheln lassen, dann die Milch und Gemüsebrühe zugießen. Aufkochen lassen und 2–3 Minuten köcheln lassen. Stärke mit wenig Wasser anrühren. Die Sauce damit binden und mit Zitronensaft, Honig, Salz und Pfeffer abschmecken.

2 Die Nudeln nach Packungsangabe in reichlich kochendem Salzwasser bissfest garen. Die Zwiebel schälen und in feine Ringe schneiden. Flusskrebsfleisch bei Bedarf waschen und trocken tupfen. Nudeln abgießen und tropfnass mit der Zwiebel sowie den Flusskrebsen unter die Sauce mischen. Alles mit Salz und Pfeffer abschmecken und servieren.

• TIPP • Edamame sind unreif geerntete, grüne Sojabohnen. Die Nudeln, die daraus hergestellt werden, bestehen zu 50 Prozent aus Protein. Sie machen schnell und nachhaltig satt und schmecken dabei auch noch lecker! Eine Packung reicht für 4 Personen (200 g etwa 3,50 Euro) und du bekommst sie mittlerweile in fast jedem Supermarkt.

Alles über die Power-Bohne und noch mehr Rezeptinspirationen findest du unter lowcarb.de!

Beflügelt den Geschmackssinn

ZUTATEN

5 g KH

- 2 EL Rapsöl
- 2 Zwiebeln
- 800 g Spinat
- 560 g Thunfisch im eigenen Saft (Dose)
- 4 Eier
- 250 g Quark
- 100 g Sahne
- Salz und Pfeffer
- Etwas frisch geriebene Muskatnuss
- 100 g Feta
- 60 g geriebener Fontina

FÜR 4 PORTIONEN | 70 MIN.

GLU

Thunfisch-Spinat-Auflauf

PRO PORTION 734 kcal | 56 g E | 54 g F

1 Den Backofen auf 200 °C Ober-/Unterhitze vorheizen. Eine Auflaufform mit 1 EL Rapsöl einfetten. Zwiebeln schälen und fein würfeln. Den Spinat verlesen, waschen und trocken schleudern. Übriges Öl in einer Pfanne erhitzen, Zwiebeln darin glasig dünsten. Den Spinat dazugeben und etwa 7 Minuten dünsten, bis er zusammengefallen ist. Kurz abkühlen lassen.

2 Den Thunfisch gut abtropfen lassen. Eier, Quark und Sahne in einer Schüssel verrühren und kräftig mit Salz, Pfeffer und Muskat würzen. Thunfisch und abgekühlten Spinat untermengen und die Masse in die Auflaufform geben.

3 Alles gleichmäßig mit zerbröckeltem Feta und geriebenem Fontina bestreuen. Den Auflauf im vorgeheizten Ofen etwa 45 Minuten goldbraun backen. Mit Alufolie abdecken, sollte die Oberfläche drohen, zu dunkel zu werden. Aus dem Ofen nehmen und servieren.

• TIPP • Aufläufe wie dieser Thunfisch-Spinat-Auflauf eignen sich perfekt fürs Vorkochen. Ein kohlenhydratarmes Mittag- oder Abendessen, das noch dazu kinderleicht zubereitet ist. Wer mag, serviert einen knackigen Salat aus Radicchio und Orangen dazu.

FÜR 4 PORTIONEN | 35 MIN.

Kabeljau mit Frühlingsgemüse

PRO PORTION 386 kcal | 35 g E | 20 g F

1 Das Brot grob würfeln und mit den Haselnüssen sowie Pinienkernen in der Küchenmaschine zu Bröseln verarbeiten. Karotten und Kohlrabi schälen und waschen. Karotten in Scheiben, Kohlrabi in Stücke schneiden. Frühlingszwiebeln putzen, waschen und in Ringe schneiden.

2 Kabeljau waschen, trocken tupfen und rundherum mit Zitronensaft, Salz und Pfeffer würzen. Vorbereitetes Gemüse, Brühe, Xylit, etwas Salz und Pfeffer in einen weiten Topf mit Dämpfeinsatz geben. Die Fischfilets auf den Dämpfeinsatz setzen, diesen über das Gemüse in den Topf stellen und alles abgedeckt 13–16 Minuten garen.

3 In der Zwischenzeit die Butter in der Pfanne zerlassen, die Nuss-Mischung darin goldbraun braten und zur Seite stellen. Dill waschen, trocken schütteln und die feinen Spitzen abzupfen. Gemüse und Kabeljau auf Tellern anrichten. Die Nuss-Mischung auf den Fisch geben, alles mit Dill garnieren und servieren.

Mit crunchy Nusskruste

ZUTATEN

16 g KH

- 4 Scheiben helles Eiweißbrot
- 50 g Haselnusskerne
- 50 g Pinienkerne
- 500 g Karotten
- 1 Kohlrabi
- 3 Frühlingszwiebeln
- 4 Kabeljaufilets (à 150 g, ohne Haut)
- Saft von ½ Zitrone
- Salz und Pfeffer
- 500 ml Gemüsebrühe
- 1 Prise Xylit
- 2 EL Butter
- 3 Stiele Dill

ZUTATEN

22 g KH

- 150 g dicke Bohnenkerne
- Salz und Pfeffer
- 20 g Pinienkerne
- 50 g Sahne
- 75 g Frischkäse
- 400 g weißes Fischfilet (z. B. Rotbarsch oder Seelachs, ohne Haut)
- 2 EL Zitronensaft
- 1–2 Eier (1 großes oder 2 kleine)
- 30 g Mandelmehl
- 75 g Kokosraspel
- 2 EL Rapsöl
- 1 rote Zwiebel
- 100 g Feldsalat
- 1 EL Weißweinessig
- 2 EL Olivenöl
- 1 unbehandelte Zitrone

FÜR 4 PORTIONEN | 50 MIN.

GLU

Fischstäbchen mit Bohnenpüree und Feldsalat

PRO PORTION 655 kcal | 38 g E | 46 g F

1 Für das Püree die Bohnen in kochendem Salzwasser etwa 2 Minuten blanchieren. Abgießen, abschrecken, die Bohnenkerne häuten. Dann in Salzwasser noch etwa 10 Minuten kochen, abschrecken und abtropfen lassen. Pinienkerne in einer Pfanne ohne Zugabe von Fett rösten. Die Bohnen mit den Pinienkernen und der Sahne im Mixer pürieren und mit dem Frischkäse glatt verrühren. Püree mit Salz und Pfeffer abschmecken und im Ofen (etwa 80 °C Ober-/Unterhitze) warm halten.

2 Inzwischen für die Fischstäbchen die Fischfilets waschen, trocken tupfen und in Streifen schneiden. Den Fisch mit Salz und Pfeffer würzen und mit 1 EL Zitronensaft beträufeln.

3 Eier in einem tiefen Teller verquirlen. Das Mandelmehl und die Kokosflocken jeweils auf Teller geben. Die Fischstreifen erst im Mandelmehl wenden, durch die verquirlten Eier ziehen, dann in den Kokosraspeln wälzen und die Panade gut andrücken. In einer Pfanne das Öl erhitzen, die Fischstäbchen darin in etwa 8 Minuten goldbraun braten, dabei einmal wenden. Herausnehmen, auf Küchenpapier abtropfen lassen und im Ofen warm halten.

4 Zwiebel schälen und in Ringe schneiden. Den Feldsalat putzen, waschen und trocken schleudern. Übrigen Zitronensaft mit dem Essig, Salz, Pfeffer und dem Olivenöl verquirlen. Mit dem Salat und Zwiebelringen vermengen.

5 Zitrone heiß waschen und in Spalten schneiden. Den Salat auf Teller verteilen. Die Fischstäbchen und das Bohnenpüree darauf anrichten und mit Zitronenspalten garnieren, dann servieren.

Schmeckt der ganzen Familie

ZUTATEN

25 g KH

- 110 g Quinoa
- Salz und Pfeffer
- 250 g grüner Spargel
- 50 g Babyspinat
- 80 g Radieschen
- 80 g Kichererbsen (Dose)
- 1 Avocado
- 250 g Stremellachs
- 3 EL Olivenöl
- 4 EL Joghurt
- 3 EL Zitronensaft

FÜR 4 PORTIONEN | 30 MIN.

GLU

Protein-Bowl mit Lachs und Gemüse

PRO PORTION 482 kcal | 22 g E | 31 g F

1 Quinoa in einem Sieb abspülen und in kochendem Salzwasser 10–15 Minuten garen. Spargel, Spinat und Radieschen waschen. Spargel im unteren Drittel schälen und die Stangen in kochendem Salzwasser etwa 3 Minuten blanchieren. Abschrecken, abtropfen lassen, längs halbieren und in 5–6 cm lange Stücke schneiden.

2 Den Spinat verlesen und die Radieschen in feine Scheiben schneiden. Die Kichererbsen in einem Sieb abtropfen lassen. Die Avocado halbieren, entkernen, das Fruchtfleisch aus der Schale lösen und in Scheiben schneiden. Den Lachs von der Haut befreien und den Fisch mit einer Gabel in kleine Stücke zupfen.

3 Quinoa auf Schälchen verteilen. Darauf Kichererbsen, Spargel, Spinat, Avocado, Radieschen und Lachs anrichten. Mit je einem Klecks Joghurt toppen. Mit Salz und Pfeffer würzen. Zitronensaft mit dem übrigen Öl verrühren und darüber träufeln, das Gericht dann servieren.

• **TIPP** • Für eine Extraportion gesunder Fette kannst du geröstete Nüsse oder Samen über die Protein-Bowl streuen. Mandeln, Pinienkerne oder Chiasamen passen gut zu diesem Gericht. Einfach leicht in einer Pfanne ohne Öl anrösten und über die Bowl streuen, bevor du sie servierst. Das gibt dem Gericht ordentlich Biss und zusätzliche Ballaststoffe.

EASY

So vielfältig Vegetarisch

UNSER MOTTO:
FLEISCHLOS MACHT AUCH
GLÜCKLICH UND ZUFRIEDEN!
PROBIERE ES EINFACH AUS!
LECKERE PFANNENGERICHTE,
ZUCCHININUDELN
UND REICHHALTIGE BOWLS
VERSORGEN DICH MIT ALLEM,
WAS DU BRAUCHST.

ZUTATEN

11 g KH

- 1 kg Brokkoli
- 1 Knoblauchzehe
- 2 cm Ingwer
- 200 g Räuchertofu
- 40 g geröstete Erdnüsse
- 2 EL Erdnussöl
- 4 EL Sojasauce
- 1 TL Stärke
- 4 EL Mirin
- 2 EL Limettensaft
- Salz und Pfeffer

FÜR 4 PORTIONEN | 25 MIN.

V VEG LAC

Tofu-Brokkoli-Pfanne

PRO PORTION 306 kcal | 20 g E | 18 g F

1 Den Brokkoli putzen, in kleine Röschen teilen und waschen. Den Stiel schälen und klein schneiden. Knoblauch und Ingwer schälen, beides fein würfeln. Tofu klein würfeln, Erdnüsse hacken.

2 Den Brokkoli in der Pfanne im heißen Erdnussöl unter Rühren etwa 5 Minuten anbraten. Den Knoblauch und den Ingwer zugeben und 1–2 Minuten mitbraten.

3 Die Sojasauce mit Stärke, Mirin, Limettensaft und etwa 100 ml Wasser verrühren. Zum Gemüse gießen und aufkochen. Den Tofu untermischen, alles etwa 2 Minuten fertig garen und mit Salz und Pfeffer abschmecken. Mit den Erdnüssen bestreuen und servieren.

Schnell & einfach

FÜR 4 PORTIONEN | 40 MIN.

VEG GLU

Blumenkohl-Käse-Puffer mit Quark

PRO PORTION 551 kcal | 32 g E | 36 g F

1 Den Backofen auf 200 °C Umluft vorheizen, ein Backblech mit Backpapier belegen. Blumenkohl putzen, in kleine Röschen teilen und waschen. In der Küchenmaschine oder auf dem Küchenhobel fein raspeln. Mit Mandeln, Parmesan, Eiern, 3 EL Öl, ½ TL Salz sowie etwas Pfeffer vermengen. Mithilfe eines Esslöffels 1 cm dicke Puffer (Ø etwa 10 cm) auf das Blech geben und die Puffer etwa 20 Minuten backen.

2 Inzwischen Kresse vom Beet schneiden, waschen und trocken tupfen. Petersilie ebenfalls waschen, trocken schütteln und die abgezupften Blättchen fein hacken. Quark, Kresse und Petersilie glatt rühren und mit Salz und Pfeffer abschmecken.

3 Für den Salat Gurke und Radieschen putzen, waschen und in dünne Scheiben schneiden oder hobeln. Frühlingszwiebeln putzen, waschen und in feine Ringe schneiden. Dill waschen, trocken schütteln und die abgezupften Spitzen fein hacken. Joghurt, übriges Öl, Xylit, Zitronenschale und -saft sowie etwas Salz und Pfeffer verrühren. Gurke, Radieschen, Frühlingszwiebeln, Dill und Salatsauce verrühren.

4 Die Puffer aus dem Ofen nehmen und mit Quark sowie Salat anrichten, dann servieren.

ZUTATEN

18 g KH

- 850 g Blumenkohl
- 40 g gemahlene Mandeln
- 260 g geriebener Parmesan
- 2 Eier
- 4 EL Olivenöl
- Salz und Pfeffer
- ½ Bund Petersilie
- 1 Beet Kresse
- 250 g Quark
- 1 Gurke
- ½ Bund Radieschen
- 1 Frühlingszwiebel
- 2 Stiele Dill
- 1 EL Joghurt
- ½ TL Xylit
- Abgeriebene Schale und Saft von ½ unbehandelten Zitrone

ZUTATEN

25 g KH

- 100 g braune Linsen
- Salz und Pfeffer
- 3 Zucchini
- 2 Auberginen
- 4–6 EL Olivenöl zzgl. etwas mehr zum Fetten der Form
- 1 rote Zwiebel
- 2 Knoblauchzehen
- 500 g Tomaten
- Etwas frisch geriebene Muskatnuss
- 1–2 TL Zitronensaft
- ½ Bund Basilikum
- 150 g geriebener Parmesan

HILFSMITTEL

- Auflaufform (30 × 20 cm)

FÜR 4 PORTIONEN | 90 MIN.

VEG GLU

Zucchini-Auberginen-Lasagne mit Linsen-Bolognese

PRO PORTION 341 kcal | 24 g E | 17 g F

1 Linsen waschen, in einen Topf geben, die doppelte Menge Wasser angießen, salzen und in 35–40 Minuten bei mittlerer Hitze gar kochen. Eventuell abgießen und abtropfen lassen.

2 Inzwischen den Backofen auf 200 °C Ober-/Unterhitze vorheizen. Zucchini und Auberginen waschen, putzen, längs in 3–4 mm dicke Scheiben schneiden. Zucchini- und Auberginenscheiben auf zwei mit Backpapier belegten Backblechen verteilen, leicht salzen, mit wenig Öl beträufeln und im vorgeheizten Backofen etwa 20 Minuten garen. Bei Bedarf zwischendurch die Bleche tauschen.

3 In der Zwischenzeit Knoblauch und Zwiebel schälen und fein würfeln. Die Tomaten waschen, etwa 1 Minute in kochendem Wasser blanchieren, dann häuten und in kleine Stücke schneiden. 2 EL Öl erhitzen und Knoblauch und Zwiebel darin glasig dünsten, die Tomaten dazugeben und bei mittlerer Hitze 5–6 Minuten garen. Bei Bedarf noch 2–3 EL Wasser dazugeben.

4 Die Linsen unter die Tomaten rühren, kurz mitköcheln und alles mit Salz, Pfeffer, Muskatnuss und Zitronensaft abschmecken. Basilikum waschen, trocken schütteln und die Blättchen abzupfen. Den Backofen nicht ausschalten. Die gebratenen Zucchini- und Auberginenscheiben und die Linsen-Bolognese in eine mit etwas Öl eingefettete Auflaufform (etwa 20 × 30 cm) schichten. Dabei die einzelnen Schichten mit etwas Parmesan bestreuen und mit Basilikum belegen. Mit übrigem Parmesan abschließen.

5 Die Lasagne im heißen Backofen 20–25 Minuten gratinieren. Herausnehmen und kurz ruhen lassen, dann servieren. Nach Belieben einen grünen Salat dazu reichen.

Mit über 23 g Eiweiß pro 100 g sind Linsen ein hervorragender pflanzlicher Proteinlieferant. Grund genug, noch mehr Gerichte mit den Kraftpaketen in euren Wochenplan zu integrieren.

Der Klassiker
mal anders

ZUTATEN

14 g KH

- 1 rote Chilischote
- 2 Stiele Basilikum zzgl. etwas mehr zum Garnieren
- 500 g Tofu
- 4 EL Olivenöl
- 2 TL Kurkumapulver
- Salz und Pfeffer
- 2 Fenchelknollen
- 4 große Zucchini
- 1 Stange Rhabarber
- 1 Knoblauchzehe
- 4 EL Kürbiskerne
- 50 ml Gemüsebrühe
- 1 EL Mandelmus
- 3–4 EL Zitronensaft

FÜR 4 PORTIONEN | 45 MIN. ZZGL. 30 MIN. RUHEZEIT

V VEG LAC GLU

Zucchininudeln mit Kurkuma und Tofu

PRO PORTION 485 kcal | 31 g E | 32 g F

1 Chilischote waschen, putzen, fein hacken. Basilikum waschen, trocken schütteln, die abgezupften Blättchen ebenfalls fein hacken. Den Tofu grob in Stücke schneiden oder zupfen. Chili, Basilikum und Tofu mit 2 EL Olivenöl und Kurkuma vermischen und etwa 30 Minuten ruhen lassen.

2 Backofen auf 200 °C Ober-/Unterhitze vorheizen. Tofu auf einem mit Backpapier belegten Backblech verteilen, salzen und im heißen Ofen etwa 20 Minuten backen.

3 Inzwischen Fenchel waschen, putzen und in hauchdünne Scheiben hobeln. In einer Schüssel leicht salzen und ziehen lassen. Die Zucchini waschen, putzen und mit dem Spiralschneider zu Gemüsenudeln verarbeiten. Rhabarber waschen, putzen und schräg in hauchdünne Scheiben hobeln. Knoblauch schälen und fein würfeln. Die Kürbiskerne in einer Pfanne ohne Zugabe von Fett rösten.

4 Knoblauch in einer Pfanne im restlichen Olivenöl andünsten. Fenchel, Zucchini und Rhabarber zugeben und 3–4 Minuten darin andünsten. Gemüsebrühe zusammen mit dem Mandelmus zugeben und alles mit Salz, Pfeffer und Zitronensaft würzen. Mit den Kürbiskernen bestreuen und mit Basilikum garnieren. Mit Tofu anrichten und servieren.

FÜR 4 PORTIONEN | 2 STD.

VEG GLU

Gefüllter Knollensellerie

PRO PORTION 439 kcal | 17 g E | 32 g F

1 Backofen auf 180 °C Ober-/Unterhitze vorheizen. Sellerie schälen, waschen und halbieren. Fruchtfleisch bis auf einen 1 cm dicken Rand herauslösen und fein würfeln. Den Rosenkohl putzen, waschen und in einzelne Blätter teilen, diese in kochendem Salzwasser 2 Minuten blanchieren. Ausgehöhlte Selleriehälften 4–5 Minuten in kochendem Salzwasser blanchieren.

2 Kräuter waschen und trocken schütteln. Nadeln bzw. Blättchen abzupfen. Apfel waschen, vierteln, vom Kerngehäuse befreien, klein würfeln und mit dem Zitronensaft mischen. In einer Pfanne die Hälfte der Butter erhitzen, Apfel- und Selleriewürfel darin andünsten. Mit Xylit bestreuen, diesen leicht karamellisieren. Rosenkohl untermischen, alles mit Salz, Pfeffer und Kräutern würzen. Scamorza würfeln. Die Selleriehälften in einen gefetteten Bräter setzen, mit der Masse füllen, mit Scamorza bestreuen. Nüsse und Parmesan mischen und darüberstreuen. Übrige Butter in Flöckchen darauf verteilen, die Brühe angießen. Alles im vorgeheizten Ofen etwa 60 Minuten garen. Bei Bedarf mit Alufolie abdecken. Herausnehmen und servieren.

• TIPP • Dieses Gericht steckt dank Apfel, Rosenkohl, Sellerie und frischen Kräutern voller Powerstoffe, die Entzündungen lindern können und eine blutdrucksenkende Wirkung haben.

ZUTATEN

25 g KH

- 2 Sellerieknollen (à etwa 750 g)
- 250 g Rosenkohl
- Salz und Pfeffer
- 1 Zweig Rosmarin
- 2 Stiele Thymian
- 1 Apfel
- 2 EL Zitronensaft
- 3 EL Butter zzgl. etwas mehr zum Fetten
- 1 TL Xylit
- 80 g Scamorza
- 30 g gemahlene Mandeln
- 30 g gemahlene Haselnüsse
- 30 g frisch geriebener Parmesan
- 150 ml Gemüsebrühe

ZUTATEN

25 g KH

- 2 EL helle Sesamsaat
- 2 Frühlingszwiebeln
- 300 g Rotkohl
- Salz und Pfeffer
- 1 rote Chilischote
- 100 g Zuckerschoten
- 240 g Kichererbsen (Dose)
- 1 EL Kokosöl
- 1–2 TL rote Currypaste
- 200 ml Kokosmilch (Dose)
- 100 ml passierte Tomaten (Dose)
- 4 Stiele Koriander
- 1 Avocado
- Einige essbare Blüten
- 2 EL Olivenöl
- 1 TL milder Weinessig
- Abgeriebene Schale und Saft von ½ unbehandelten Zitrone

FÜR 4 PORTIONEN | 45 MIN.

V VEG LAC GLU

Avocado-Kichererbsen-Bowl

PRO PORTION 370 kcal | 9 g E | 26 g F

1 Den Sesam in einer Pfanne ohne Zugabe von Fett rösten, anschließend abkühlen lassen. Frühlingszwiebeln putzen, waschen und schräg in feine Ringe schneiden. Rotkohl waschen, putzen und in feine Streifen hobeln. Mit etwas Salz bestreuen und kräftig durchkneten. Chilischote waschen, putzen und zur Hälfte schräg in feine Ringe schneiden, zur Hälfte fein würfeln. Die Zuckerschoten waschen, putzen und in kochendem Salzwasser 2–3 Minuten blanchieren, abschrecken und abtropfen lassen. Die Kichererbsen abgießen, abspülen und abtropfen lassen.

2 In einer Pfanne das Kokosöl erhitzen und die Hälfte der Frühlingszwiebel sowie die Chiliwürfel darin andünsten. Die Currypaste einrühren, kurz mitgaren und alles mit der Kokosmilch ablöschen. Die Kichererbsen und die passierten Tomaten zufügen, alles cremig einköcheln lassen und mit Salz und Pfeffer würzen.

3 Inzwischen Koriander waschen, trocken schütteln und die Blättchen abzupfen. Die Avocado halbieren, vom Kern befreien und das Fruchtfleisch aus der Schale heben. Die Hälften nochmals längs halbieren und quer in Stücke schneiden. Die Kichererbsen in Schälchen verteilen. Den Rotkohl, die Zuckerschoten und die Avocadostücke ringsum anrichten. Avocado mit dem gerösteten Sesam bestreuen und alles mit den Blüten, übriger Chili sowie Frühlingszwiebeln garnieren.

4 Olivenöl mit Essig, Zitronenschale und -saft verquirlen und mit Salz und Pfeffer würzen. Das Dressing abschmecken, die Salatzutaten damit beträufeln und die Bowls sofort servieren.

Low Carb-Rezepte, die ganz ohne Fleisch, Wurst oder Fisch auskommen. Scanne jetzt den Code!

Voll im Trend

ZUTATEN

25 g KH

- 2 Zwiebeln
- 2 Stangen Stauden-sellerie
- 2 rote Chilischoten
- 3 cm Ingwer
- 2 EL Ghee (indisches Butterschmalz, im Supermarkt oder Asialaden erhältlich)
- 1 ½ TL Kurkumapulver
- 1 TL Kreuzkümmelpulver
- 1 TL Korianderpulver
- 450 ml Gemüsebrühe
- 125 g gelbe Linsen
- 800 g Blumenkohl
- Salz und Pfeffer
- 3 EL Rapsöl
- 4 Stiele Koriander
- Saft von ½ Zitrone

FÜR 4 PORTIONEN | 40 MIN.

VEG LAC GLU

Veggie-Linsen-Dal

PRO PORTION 309 kcal | 12 g E | 19 g F

1 Zwiebeln schälen und fein würfeln. Die Selleriestangen waschen, putzen und klein würfeln. Die Chilischoten waschen, halbieren, putzen und fein hacken. Den Ingwer waschen, schälen und klein würfeln. Alles zusammen in einem Topf im heißen Ghee unter Rühren kurz andünsten. 1 TL Kurkuma, Kreuzkümmel und Koriander zugeben und kurz mitrösten. Brühe angießen, Linsen ergänzen und das Dal unter gelegentlichem Rühren 15–20 Minuten weich kochen. Bei Bedarf noch etwas Brühe nachgießen.

2 Inzwischen den Blumenkohl putzen, in kleine Röschen teilen und waschen. In kochendem Salzwasser mit übrigem Kurkuma 3–4 Minuten blanchieren. Abgießen, abschrecken, abtropfen lassen und anschließend in einer Pfanne im heißen Rapsöl 6–7 Minuten rundherum goldbraun braten. Mit Salz und Pfeffer würzen.

3 Koriander waschen, trocken schütteln und die abgezupften Blättchen hacken. Das Dal mit dem Zitronensaft, Salz und Pfeffer abschmecken und in Schälchen füllen. Blumenkohl darauf verteilen und mit Koriander garniert servieren.

Exotischer Genuss

FÜR 4 PORTIONEN | 30 MIN. ZZGL. 30 MIN. RUHEZEIT

VEG GLU

Protein-Gnocchi

PRO PORTION 385 kcal | 43 g E | 15 g F

1 Eier mit Quark, 1 TL Salz, etwas Pfeffer und Guarkernmehl in eine Schüssel geben und mit den Quirlen des Handrührgeräts zu einer glatten Masse verrühren. Mit einem Tuch abdecken und 30 Minuten ruhen lassen.

2 Inzwischen Cashewkerne in einer Pfanne ohne Zugabe von Fett rösten. Herausnehmen, etwas abkühlen lassen und fein hacken. Schnittlauch waschen, trocken tupfen und in feine Röllchen schneiden. Limette heiß waschen, die Schale fein abreiben und den Saft auspressen. Den Hüttenkäse, Schnittlauch, Limettensaft sowie -schale gut vermengen. Mit Salz und Pfeffer abschmecken.

3 Gnocchiteig nochmals durchkneten und kleine Teigrollen formen, portionsweise mit einem Messer abschneiden und mit einer Gabel eindrücken. Reichlich Salzwasser in einem Topf zum Kochen bringen, die Gnocchi portionsweise hineingeben, etwa 2 Minuten darin garen, bis sie an der Wasseroberfläche schwimmen, dann abschöpfen und abtropfen lassen.

4 Brokkoli putzen, in Röschen teilen und waschen. Dann in kochendem Salzwasser 4–5 Minuten blanchieren. In der Zwischenzeit Gnocchi in einer Pfanne im heißen Öl goldbraun braten. Mit Brokkoli und Hüttenkäse auf Tellern anrichten, mit Cashews bestreuen und servieren.

ZUTATEN

16 g KH

- 3 Eier
- 500 g Magerquark
- Salz und Pfeffer
- 60 g Guarkernmehl
- 50 g Cashewkerne
- 1 Bund Schnittlauch
- ½ unbehandelte Limette
- 400 g Hüttenkäse
- 700 g Brokkoli
- 2–3 EL Olivenöl

ZUTATEN

12 g KH

- 250 g Kirschtomaten
- 6 cm Ingwer
- 650 g Hokkaidokürbis
- 200 g Wasser- oder Blattspinat
- 4 EL Kokosöl
- 2 TL 5-Gewürzepulver
- 60 ml Ketjap Manis (im Asialaden erhältlich) oder Alternative siehe Tipp
- 2–3 EL Mandelblättchen

FÜR 4 PORTIONEN | 25 MIN.

V VEG LAC GLU

Kürbis-Spinat-Pfanne

PRO PORTION 235 kcal | 8 g E | 18 g F

1 Kirschtomaten waschen und halbieren. Ingwer waschen, schälen und in sehr feine Streifen schneiden. Den Kürbis waschen, putzen, das Kerngehäuse entfernen und das Fruchtfleisch in etwa 3 cm große Würfel schneiden. Den Spinat verlesen, waschen und trocken schütteln.

2 In einem Wok oder einer Pfanne 2 EL Kokosöl erhitzen und den Kürbis darin 5–6 Minuten anbraten. In der Zwischenzeit für die Sauce das Gewürzpulver mit Ketjap Manis und 60 ml Wasser in einer Schüssel verrühren. Mandelblättchen in einer Pfanne ohne Zugabe von Fett goldbraun rösten.

3 Den Kürbis aus dem Wok nehmen. Restliches Öl in den Wok geben und den Ingwer darin anbraten. Spinat, Kirschtomaten und Sauce zugeben, alles 1–2 Minuten kochen lassen. Den Kürbis zurück zum Rest in den Wok geben, alles gut vermischen. Die Kürbispfanne in Schälchen anrichten, mit Mandelblättchen bestreut servieren.

• TIPP • Diese Pfanne verträgt auch gut noch Gewürze, die den Stoffwechsel und somit deine Fettverbrennung ankurbeln. Versuche zum Beispiel Cayennepfeffer, Paprikapulver und Kurkuma. Ketjap Manis kannst du auch durch 60 ml Sojasauce und 1–2 TL Erythrit ersetzen.

Das macht richtig satt!

Weniger ist mehr
Kalorienarm

MEHR GENUSS,

WENIGER HUNGER

UND EINFACH GUT FÜHLEN:

DAS GEHT MIT UNSEREN

LECKEREN LOW CARB-HITS,

DIE PRO PORTION WENIGER

ALS 500 G KALORIEN HABEN.

SO EINFACH

ISST DU DICH GESUND!

ZUTATEN

16 g KH

- 600 g Brokkoli
- 2 rote Paprikaschoten
- 1 Knoblauchzehe
- 1 Bund gemischter Kräuter (z. B. Petersilie, Kerbel, Sauerampfer)
- 8 Stiele roter Mangold
- 200 g Sahne
- 12 Eier
- 1 EL edelsüßes Paprikapulver
- Etwas frisch geriebene Muskatnuss
- Salz und Pfeffer

FÜR 4 PORTIONEN | 40 MIN.

VEG GLU

Kräuter-Frittata mit Brokkoli

PRO PORTION 466 kcal | 28 g E | 32 g F

1 Den Backofen auf 160 °C Ober-/Unterhitze vorheizen. Brokkoli putzen, in Röschen teilen, waschen und grob hacken. Paprikaschoten waschen, halbieren, entkernen und fein würfeln. Knoblauch schälen und ebenfalls fein würfeln. Kräuter waschen, trocken schütteln, bei Bedarf die Blättchen abzupfen und alles fein hacken. Mangold waschen, putzen und in mundgerechte Stücke schneiden.

2 Knoblauch, Kräuter, Sahne, Eier, Paprikapulver, etwas Muskat, Salz sowie Pfeffer verquirlen. Eine Ofenform mit etwas Backpapier auskleiden. Brokkoli und Paprika darin verteilen.

3 Die Eiermasse darüber gießen, alles mit dem Mangold bestreuen und im vorgeheizten Ofen 15–20 Minuten backen. Aus dem Ofen nehmen, in Stücke schneiden und servieren.

Frühling auf dem Teller

FÜR 4 PORTIONEN | 60 MIN.
VEG GLU

Zucchini-Cannelloni

PRO PORTION 310 kcal | 19 g E | 22 g F

1 Die Zucchini putzen, waschen und das Gemüse längs in etwa 3 mm dünne Streifen schneiden. Mit etwas Salz bestreuen und nach einigen Minuten mit Küchenpapier abtupfen.

2 Inzwischen Zwiebel und Knoblauch schälen, beides fein würfeln. Öl in einer Pfanne erhitzen und beides darin andünsten. Stückige Tomaten, Tomatenmark, Kräuter sowie Pfeffer zugeben und alles gut verrühren. Die Tomatensauce in eine Auflaufform geben.

3 Backofen auf 200 °C Ober-/Unterhitze vorheizen. Den Blattspinat in kochendem Salzwasser etwa 1 Minute zusammenfallen lassen, abgießen und abschrecken. Gut ausdrücken, dann fein hacken und in eine Schüssel geben. Den Parmesan fein reiben und ebenfalls in die Schüssel geben. Ricotta mit Ei zufügen und alles gut vermengen.

4 Je 1 EL der Füllung auf eine Zucchinischeibe geben und diese einrollen. Zucchiniröllchen in die Auflaufform setzen und mit Olivenöl bestreichen. Den geriebenen Gouda über den Auflauf streuen und alles etwa 20 Minuten im vorgeheizten Ofen backen. Herausnehmen und servieren.

• **TIPP** • Mit der Spinat-Ricotta-Füllung kannst du auch anderes Gemüse wie Auberginen oder Paprika füllen und mit der Sauce im Ofen backen.

ZUTATEN

10 g KH

- 2 Zucchini
- Salz und Pfeffer
- 1 Zwiebel
- 1 Knoblauchzehe
- 3 EL Olivenöl
- 400 g stückige Tomaten (Dose)
- 1 EL Tomatenmark
- 2 EL getrocknete italienische Kräuter
- 100 g Blattspinat
- 50 g Parmesan
- 250 g Ricotta
- 1 Ei
- 50 g geriebener Gouda

HILFSMITTEL

- Auflaufform (etwa 30 × 20 cm)

ZUTATEN

24 g KH

- 2 cm Ingwer
- 600 g Karotten
- 500 g Blumenkohl
- 50 g Zuckerschoten
- ½ Chilischote
- 5 Stiele Koriander
- 3 EL Olivenöl
- 50 g Cashewkerne
- 1–2 EL rote Currypaste
- 400 ml Kokosmilch (Dose)
- 1 EL Currypulver
- Salz und Pfeffer

FÜR 4 PORTIONEN | 40 MIN.

V VEG LAC GLU

Blumenkohl-Curry mit Cashewkernen

PRO PORTION 455 kcal | 8 g E | 37 g F

1 Ingwer schälen und fein würfeln. Karotten schälen, waschen und raspeln oder in kleine Stücke schneiden. Blumenkohl putzen, in kleine Röschen teilen und waschen. Zuckerschoten waschen. Chili waschen und in feine Ringe schneiden. Koriander waschen, trocken schütteln und die Blättchen abzupfen.

2 Öl in einem Topf erhitzen. Ingwer und Karotten darin andünsten. Dann 30 g Cashewkerne und Currypaste zugeben und kurz mitdünsten. Blumenkohl, Zuckerschoten, Chili sowie Koriander, bis auf etwas zum Garnieren, zufügen und ebenfalls dünsten. Mit der Kokosmilch ablöschen und mit dem Currypulver würzen. Das Curry 10–15 Minuten zugedeckt köcheln lassen.

3 Restliche Cashewkerne grob hacken. Das Blumenkohl-Curry mit Salz und Pfeffer abschmecken und auf Tellern anrichten. Mit den gehackten Cashewkernen sowie übrigem Koriander garnieren und servieren.

• **TIPP** • In diesem Curry kannst du wunderbar Gemüsereste verwerten. Es schmeckt zum Beispiel auch toll mit Paprika, Erbsen oder Brokkoli.

Wir machen Blumenkohl zu Reis, nutzen ihn als Pizzaboden oder veganes Steak. Hier findest du die besten Rezepte mit dem gesunden Allrounder.

Mit angenehmer
Schärfe

ZUTATEN

14 g KH

- 2 Zwiebeln
- 2 Knoblauchzehen
- 400 g gemischtes Hackfleisch
- 250 g Blumenkohl
- 1 TL scharfer Senf
- 1 TL geräuchertes Paprikapulver
- 1 TL italienische Kräuter
- 1 Ei
- Salz und Pfeffer
- 4 große rote Paprikaschoten
- 2 EL Olivenöl
- 200 ml passierte Tomaten (Dose)
- 250 ml Gemüsebrühe
- 4 Stiele Petersilie

FÜR 4 PORTIONEN | 70 MIN.

LAC

Gesund gefüllte Paprika mit Hackfleisch

PRO PORTION 340 kcal | 26 g E | 21 g F

1 Die Zwiebeln und den Knoblauch schälen, beides sehr fein würfeln. Jeweils die Hälfte mit dem Hackfleisch in eine Schüssel geben. Den Blumenkohl putzen, in Röschen teilen und waschen. Im Veggie Ricer oder Blitzhacker zu feinen Krümeln verarbeiten. Mit Senf, Paprikapulver, getrockneten Kräutern und dem Ei zum Hackfleisch geben, alles kräftig mit Salz und Pfeffer würzen und gut vermengen.

2 Die Paprikaschoten waschen, einen Deckel abschneiden und das Kerngehäuse entfernen. Die Hackfleisch-Mischung hineinfüllen und die Deckel wieder aufsetzen.

3 Den Backofen auf 175 °C Umluft vorheizen. In einem Bräter das Olivenöl erhitzen, übrige Zwiebel- und Knoblauchwürfel darin andünsten.

4 Passierte Tomaten und Gemüsebrühe zugeben, alles mit Salz und Pfeffer würzen. Die Paprikaschoten in die Sauce setzen, den Deckel aufsetzen und die Paprikaschoten im vorgeheizten Ofen etwa 45 Minuten schmoren.

5 Petersilie waschen, trocken schütteln und die abgezupften Blättchen fein hacken. Die geschmorten Paprikaschoten aus dem Ofen nehmen, auf Tellern anrichten und mit Petersilie garniert servieren.

FÜR 4 PORTIONEN | 30 MIN.
V VEG LAC GLU

Grünes Kokos-Gemüse-Curry mit Blumenkohlreis

PRO PORTION 350 kcal | 11 g E | 28 g F

1 Den Blumenkohl putzen, in Röschen teilen und waschen. Im Veggie Ricer oder in der Küchenmaschine zu reiskorngroßen Stückchen verarbeiten. Alternativ auf dem Küchenhobel raspeln. Blumenkohl mit ¾ TL Salz vermischen. Zwiebel und Knoblauch schälen, beides fein würfeln. Die Paprika waschen, putzen und in mundgerechte Stücke schneiden. Die Champignons putzen, in Scheiben schneiden. Brokkoli putzen, in kleine Röschen teilen und waschen. Zuckerschoten waschen und schräg in Stücke schneiden.

2 Rapsöl in einem Topf erhitzen. Zwiebel und Knoblauch darin andünsten. Currypaste sowie -pulver zufügen und kurz mitbraten. Mit Kokosmilch und 100 ml Brühe ablöschen. Kaffirlimettenblatt, Paprika, Champignons und Brokkoli zugeben und alles aufkochen. Abgedeckt etwa 10 Minuten köcheln lassen. In den letzten 2–3 Minuten Erbsen und Zuckerschoten zugeben und mitgaren.

3 Inzwischen den Blumenkohlreis in einem weiteren Topf in der übrigen Gemüsebrühe 5–8 Minuten dünsten. Frühlingszwiebeln putzen, waschen und schräg in Ringe schneiden. Stärke mit 2 EL Wasser anrühren, in den Topf geben und das Curry damit binden. Auf Teller verteilen, mit den Frühlingszwiebeln garnieren und zusammen mit dem Blumenkohlreis servieren.

ZUTATEN

19 g KH

- 750 g Blumenkohl
- Salz
- 1 Zwiebel
- 1 Knoblauchzehe
- 2 grüne Paprikaschoten
- 150 g braune Champignons
- 350 g Brokkoli
- 100 g Zuckerschoten
- 1 EL Rapsöl
- 1 TL rote Currypaste
- 1 Msp. Currypulver
- 400 g Kokosmilch (Dose)
- 150 ml Gemüsebrühe
- 1 Kaffirlimettenblatt
- 100 g TK-Erbsen
- 2 Frühlingszwiebeln
- 1 TL Stärke

ZUTATEN

10 g KH

- 3 Frühlingszwiebeln
- 1 rote Paprikaschote
- 150 g gelbe Kirschtomaten
- 500 g Magerquark
- 5 Eier
- 1 TL getrocknete italienische Kräuter
- Salz und Pfeffer
- 250 g geriebener Gouda
- 3 Stiele Basilikum

FÜR 4 PORTIONEN | 70 MIN.

VEG GLU

Schüttelpizza

PRO PORTION 454 kcal | 38 g E | 29 g F

1 Frühlingszwiebeln putzen, waschen und in feine Ringe schneiden. Paprika putzen, waschen und fein würfeln. Die Kirschtomaten waschen und halbieren. Den Backofen auf 180 °C Umluft vorheizen. Dann 2 Backbleche mit Backpapier belegen.

2 Quark, Eier, Kräuter sowie etwas Salz und Pfeffer verquirlen. Käse, Frühlingszwiebeln, Paprika und Tomaten unterheben. Die Hälfte der Masse auf je 1 Blech geben, glatt streichen und im vorgeheizten Ofen etwa 35 Minuten backen. Bei Bedarf zwischendurch die Bleche tauschen.

3 Das Basilikum waschen, trocken schütteln und die Blättchen abzupfen. Dann die Pizzen aus dem Ofen nehmen, anschließend in Stücke schneiden und mit Basilikum garniert servieren.

• **TIPP** • Genieße die krosse Schüttelpizza mit einem knackigen Salat aus frischem Blattgemüse und einer leichten Vinaigrette. Eine perfekte Ergänzung, die für eine ausgewogene Low Carb-Mahlzeit mit extra Frische sorgt!

Pizza = Amore! Deshalb brauchst du ganz dringend diese kreativen Rezepte, die den italienischen Klassiker zum Low Carb-Knaller machen.

EASY
Blitzschnell fertig

ZUTATEN

6 g KH

- 60 g Quark
- 4 Eier
- 120 ml Milch
- Salz und Pfeffer
- ¼ TL Kurkumapulver
- 3–4 EL Rapsöl
- 50 g Rucola
- 1 rote Paprikaschote
- 200 g Frischkäse

FÜR 4 PORTIONEN | 30 MIN.

VEG GLU

Pfannkuchenröllchen mit Paprikacreme

PRO PORTION 386 kcal | 15 g E | 34 g F

1 Quark mit Eiern, Milch, etwas Salz sowie Kurkuma zu einem glatten Pfannkuchenteig verrühren. Etwas Öl in einer Pfanne erhitzen, dann aus dem Teig nacheinander 4–6 Pfannkuchen ausbacken. Auf einem Teller gestapelt abkühlen lassen.

2 Rucola waschen und trocken schütteln. Hälfte des Rucolas fein hacken. Paprikaschote waschen, putzen und fein würfeln. Frischkäse mit Rucola und Paprika glatt rühren. Mit Salz und Pfeffer abschmecken.

3 Frischkäsecreme auf die kalten Pfannkuchen streichen. Den restlichen Rucola darauf verteilen und jeden Pfannkuchen fest aufrollen. Rollen in Stücke schneiden und dann nach Belieben auf Spieße stecken, servieren.

• **TIPP** • Zum Mitnehmen kannst du die Pfannkuchen auch als Rolle belassen, so hält die Füllung besser. Die Rollen fest in Backpapier einschlagen und zum Schluss mit Gummiband fixieren. Wie Wraps genießen.

FÜR 4 PORTIONEN | 60 MIN.
V VEG LAC GLU

Blumenkohl-„Couscous“ mit Kürbis

PRO PORTION 282 kcal | 12 g E | 17 g F

1 Hokkaido waschen, entkernen, würfeln und etwa 600 g in kochendem Salzwasser 10–15 Minuten weich garen. Für den Couscous Blumenkohl putzen und in Röschen teilen. Mit dem übrigen Kürbis in einem leistungsstarken Standmixer oder dem Veggie Ricer fein zerkleinern. In eine große Schüssel umfüllen. Petersilie waschen, trocken schütteln und die abgezupften Blättchen fein hacken. Kürbiskerne in einer Pfanne ohne Zugabe von Öl rösten.

2 Für die Sauce die Zitrone auspressen und den Saft mit Xylit sowie etwas Salz und Pfeffer verrühren. Anschließend zusammen mit ¾ der Kürbiskerne und Petersilie zur Blumenkohl-Kürbis-Mischung geben und alles vermengen.

3 Gegarten Kürbis abseihen und mit 3 EL Kürbiskernöl, Cayennepfeffer und etwas Muskat pürieren. Mit Salz und Pfeffer abschmecken und nach Belieben in einen Spritzbeutel füllen. Blumenkohl-Couscous auf Tellern verteilen, Kürbispüree als Tupfen daneben setzen. Mit restlichem Kürbiskernöl und Kernen garnieren und servieren.

Wohlfühl-essen

ZUTATEN

24 g KH

- 850 g Hokkaidokürbis
- Salz und Pfeffer
- 850 g Blumenkohl
- 4 Stiele Petersilie
- 50 g Kürbiskerne
- 1 Zitrone
- 1 EL Xylit
- 4 EL Kürbiskernöl
- ¼ TL Cayennepfeffer
- Etwas frisch geriebene Muskatnuss

In Balance

Darmgesundheit

**SAUERKRAUT, KEFIR,
RUCOLA & CO.
SIND ECHTE HELDEN,
WENN ES UM DEIN GUTES
BAUCHGEFÜHL GEHT.
SIE TUN WAHRE WUNDER,
FÜR DAS MULTITALENT
IN DEINER MITTE.
DARM GUT, ALLES GUT!**

ZUTATEN

6 g KH

- 2,5 kg Chinakohl
- 150 g feines Meersalz
- 1 Karotte
- 200 g Rettich
- 1 Zwiebel
- 8 Knoblauchzehen
- 50 g Ingwer
- ½ Bund Frühlingszwiebeln
- 1 TL Klebreismehl (alternativ Stärke)
- 2 TL Zucker
- 100 ml Fischsauce
- 1 TL Chilipulver
- 2–3 EL Chiliflocken

• TIPP • Im Kühlschrank gelagert mindestens 4 Monate haltbar.

FÜR 4 GLÄSER (À 1 L) | 40 MIN. ZZGL. 2 STD. + 8–10 TAGE RUHEZEIT

LAC GLU

Kimchi

PRO 100 G 32 kcal | 2 g E | 0 g F

1 Äußere Blätter des Kohls entfernen. Der Länge nach halbieren, kurz in kaltem Wasser einweichen. Herausnehmen und jede Blattschicht gut salzen. In eine Schüssel geben, 2–3 Stunden ziehen lassen, zwischendurch wenden.

2 Karotte und Rettich schälen, in dünne Streifen schneiden. Die Zwiebel, Knoblauch und Ingwer schälen, alles fein reiben oder pürieren. Frühlingszwiebeln putzen, waschen, schräg in Streifen schneiden.

3 Klebreismehl mit wenig Wasser anrühren. Mit 200 ml Wasser unter Rühren kurz aufkochen lassen In eine große Schüssel umfüllen, mit Zucker mischen, abkühlen lassen. Anschließend Fischsauce und das Chilipulver, die -flocken, Zwiebel, Knoblauch und Ingwer sowie Frühlingszwiebeln zur Reismehlpaste geben, alles zu einer Marinade verrühren. Rettich und Karotte untermengen, kräftig mit Salz würzen.

4 Kohl sehr gründlich mit klarem Wasser durchspülen. Abtropfen lassen, gut ausdrücken. Blatt für Blatt mit Marinade füllen (am besten mit Küchenhandschuhen arbeiten). Mit der Schnittfläche nach oben in einen verschließbaren Behälter geben. Schüssel mit Marinadenresten bei Bedarf mit 100 ml Wasser ausschwenken und über den Kohl geben. Behälter verschließen, bei Zimmertemperatur 2 Tage stehen lassen. Für weitere 6–8 Tage in den Kühlschrank stellen.

FÜR 4 PORTIONEN | 60 MIN.
VEG GLU

Rote-Bete-Cremesuppe

PRO PORTION 384 kcal | 6 g E | 26 g F

1 Die Zwiebel schälen und fein würfeln. Rote Bete schälen und grob würfeln (am besten mit Küchenhandschuhen arbeiten). Den Thymian waschen und trocken schütteln. Die Orange heiß waschen und trocken reiben. 1 TL Schale fein abreiben, den Saft auspressen.

2 Olivenöl in einem Topf erhitzen. Zwiebel darin andünsten, Rote Bete zugeben, kurz mitdünsten. Alles mit Weißwein ablöschen, diesen fast vollständig verkochen lassen.

3 Orangensaft, -schale, Gemüsebrühe und 2 Thymianstiele zugeben und die Suppe aufkochen, dann abgedeckt 10–15 Minuten bei mittlerer Hitze kochen, bis die Rote Bete gar ist.

4 Sahne und Meerrettich zugeben und die Suppe erneut aufkochen. Die Thymianstiele entfernen und die Rote-Bete-Suppe mit dem Stabmixer fein pürieren. Mit Salz und Pfeffer abschmecken.

5 Rote-Bete-Suppe auf Teller verteilen, etwas Kefir in die Mitte geben und leicht mit der Suppe verrühren. Die Suppe mit dem restlichen Thymian garnieren und servieren.

• **TIPP** • Die probiotischen Mikroorganismen in Kefir können die Verdauung fördern, indem sie dabei helfen, Nährstoffe abzubauen und besser aufzunehmen. Ein großer Pluspunkt für deine Darmgesundheit!

ZUTATEN

25 g KH

- 1 Gemüsezwiebel
- 850 g Rote Bete
- 4 Stiele Thymian
- 1 unbehandelte Orange
- 2 EL Olivenöl
- 200 ml trockener Weißwein
- 800 ml Gemüsebrühe
- 200 g Sahne
- 2 TL frisch geriebener Meerrettich
- Salz und Pfeffer
- 150 g Kefir

ZUTATEN

24 g KH

- 200 g Süßkartoffeln
- Salz und Pfeffer
- 400 g Brokkoli
- 3 Frühlingszwiebeln
- 2 Stiele Petersilie
- 2 Stiele Dill
- 400 g Lachsfilet (ohne Haut)
- 30 g Quinoaflocken zzgl. bei Bedarf etwas mehr zum Verarbeiten
- 15 g Chiasamen
- 200 g probiotischer Joghurt
- 1 EL Zitronensaft
- 100 g Blattsalat (z. B. Radicchio, Friséesalat, Babyspinat)
- 1 Gurke
- 1 Beet Kresse
- 2 EL Olivenöl

FÜR 4 PORTIONEN | 45 MIN. ZZGL. 30 MIN. KÜHLZEIT

GLU

Lachsfrikadellen mit Joghurtdip

PRO PORTION 388 kcal | 28 g E | 20 g F

1 Süßkartoffeln schälen, waschen und würfeln. In kochendem Salzwasser 10–15 Minuten weich garen. Abgießen, abtropfen und etwas abkühlen lassen. Brokkoli putzen, in Röschen teilen und waschen. In kochendem Salzwasser 4–5 Minuten blanchieren, abgießen, abschrecken und abtropfen lassen.

2 Frühlingszwiebeln und Kräuter waschen, putzen und alles fein hacken. Lachsfilet trocken tupfen und grob würfeln. Mit Frühlingszwiebeln und Kräutern fein pürieren. Süßkartoffeln, Brokkoli, Quinoaflocken, Chiasamen, etwas Salz und Pfeffer zugeben und alles kurz zu einer formbaren Masse mixen. Bei Bedarf noch etwas Wasser oder Quinoaflocken untermischen. Aus der Masse mit leicht feuchten Händen 8 Frikadellen formen und diese etwa 30 Minuten kalt stellen.

3 In der Zwischenzeit den Joghurt mit 1 Prise Salz und Zitronensaft verrühren und in 4 Schälchen geben. Den Salat putzen, in mundgerechte Stücke zupfen, waschen und trocken schleudern. Gurke waschen und in Spalten schneiden. Kresse vom Beet schneiden, waschen und trocken tupfen. Das Öl in einer großen Pfanne erhitzen und die Lachsfrikadellen darin von jeder Seite etwa 3–4 Minuten goldbraun anbraten. Den Salat mit Sprossen, Gurkenspalten und Joghurt auf Tellern anrichten. Anschließend jeweils mit 2 Frikadellen anrichten und servieren.

Auch für Kochanfänger ist Lachs der perfekte Fisch, denn er ist leicht zuzubereiten, wird nicht so schnell trocken und ist damit absolut alltagstauglich. Unsere beliebtesten Lachsrezepte findest du hier.

Gut für Bauch und Herz

ZUTATEN

15 g KH

- 400 g Sauerkraut (Dose)
- 400 g Kohlrabi
- 2 EL Mandelmehl
- 1 große Zwiebel
- 8 EL Rapsöl
- Salz und Pfeffer
- 1 TL edelsüßes Paprikapulver
- ½ TL Kümmelpulver
- 200 g Quark
- 100 g Joghurt
- 1 EL Meerrettich (Glas)
- 1 Apfel
- 1 EL Zitronensaft
- 1 Beet Kresse

FÜR 4 PORTIONEN | 50 MIN.

VEG GLU

Sauerkraut-Kohlrabi-Puffer mit Meerrettich-Dip

PRO PORTION 374 kcal | 14 g E | 27 g F

1 Sauerkraut mit den Händen gut ausdrücken, in eine Schüssel geben. Kohlrabi schälen, auf der Gemüsereibe grob raspeln. Sofort mit den Händen gut ausdrücken und mit dem Mehl zum Kraut geben.

2 Zwiebel schälen, fein würfeln und in 1 EL Öl glasig dünsten. Vom Herd nehmen und zum Kraut-Kohlrabi-Mix geben. Alles mit Salz, Pfeffer, Paprikapulver und Kümmel würzen, gut mischen und dann etwa 10 Minuten ziehen lassen.

3 Quark und Joghurt mit Meerrettich, etwas Salz und Pfeffer verrühren. Den Apfel waschen, vierteln, entkernen und in kleine Würfel schneiden. Sofort mit Zitronensaft beträufeln. Etwa ⅔ der Apfelwürfel unter den Quark mischen, den Rest beiseitestellen. Quark mit Salz und Pfeffer abschmecken.

4 Das übrige Öl in einer großen beschichteten Pfanne erhitzen. Pro Puffer 1–2 EL Kraut-Kohlrabi-Mix nebeneinander in die Pfanne setzen und flach drücken. Portionsweise 10–12 Puffer bei mittlerer bis starker Hitze 3–4 Minuten goldbraun braten, wenden und dann 2–3 Minuten fertig braten. Fertige Puffer auf Küchenpapier kurz abtropfen lassen.

5 Kresse vom Beet schneiden, waschen und trocken tupfen. Puffer mit Apfelquark auf Teller geben, mit restlichen Apfelwürfeln und mit Kresse garnieren.

FÜR 6 GLÄSER (À ETWA 500 ML) | 60 MIN.

V VEG LAC GLU

Sauer eingemachtes Gemüse

PRO GLAS 74 kcal | 3 g E | 1 g F

1 Den Blumenkohl waschen, putzen und in Röschen teilen. Paprikaschoten waschen, in große Würfel schneiden. Karotten und Perlzwiebeln schälen, die Karotten schräg in Scheiben schneiden. Blumenkohl und Karotten in kochendem Salzwasser etwa 4 Minuten blanchieren, dann abgießen und abschrecken. Sämtliches Gemüse auf die sterilisierten Einmachgläser verteilen. Den Dill waschen, trocken schütteln und grob zerzupfen, mit Pfeffer- und Senfkörnern auf die Gläser verteilen.

2 1,2 l Wasser mit Essig, Zucker und 1 ½ EL Salz aufkochen und etwa 5 Minuten kochen lassen, dann über das Gemüse in die Gläser gießen und diese fest verschließen.

3 Die Gläser in einen Einkochtopf stellen und diesen bis knapp unter die Deckelränder mit Wasser befüllen. Nun Gemüse bei 100 °C etwa 30 Minuten zugedeckt einkochen. Die Gläser vorsichtig aus dem Topf heben und auskühlen lassen. Verschlossen, kühl und dunkel gelagert ist das sauer eingemachte Gemüse etwa 1 Jahr haltbar.

• TIPP • Wer keinen Einkochtopf hat, kann dies auch im Backofen machen. Dafür die Fettpfanne mit Wasser füllen, das Blech auf die unterste Schiene in den Backofen schieben und die Gläser darauf stellen. Backofen auf 160 °C Ober-/Unterhitze einstellen und dann für etwa 60 Minuten erhitzen. Im Ofen abkühlen lassen.

ZUTATEN

13 g KH

- 500 g Blumenkohl
- Je 1 rote und gelbe Paprikaschote
- 500 g Karotten
- 100 g Perlzwiebeln
- Salz
- 1 Bund Dill
- 2 EL schwarze Pfefferkörner
- 1 TL Senfkörner
- 300 ml heller Balsamicoessig
- 100 g Zucker

HILFSMITTEL

- 6 sterilisierte Einmachgläser (à 500 ml)

ZUTATEN

22 g KH

- 1 gelbe Paprikaschote
- 3 Frühlingszwiebeln
- 1 Bund Basilikum
- ½ Bund Petersilie
- 3 Stiele Salbei
- 6 Eier
- 4 EL Milch
- Salz und Pfeffer
- 6 EL Olivenöl
- 150 g TK-Erbsen
- 1 kleiner Kopf Radicchio
- 4 EL heller Balsamicoessig
- 1 Prise Xylit
- 100 g entsteinte schwarze Oliven

FÜR 4 PORTIONEN | 40 MIN.

VEG GLU

Kräuter-Gemüse-Frittata mit Radicchiosalat

PRO PORTION 362 kcal | 13 g E | 26 g F

1 Paprika und Frühlingszwiebeln putzen und waschen. Paprika würfeln, Frühlingszwiebeln in schräge dünne Ringe schneiden. Basilikum, Petersilie und den Salbei waschen und trocken schütteln. Die Blätter abzupfen und hacken.

2 Die Eier mit Milch verquirlen und mit Salz und Pfeffer würzen. Kräuter zugeben. Anschließend 2 EL Olivenöl in einer beschichteten Pfanne erhitzen und dann Erbsen, Paprika und Frühlingszwiebeln darin bei mittlerer Hitze für etwa 3 Minuten andünsten. Eier-Kräuter-Masse zugeben und bei niedriger Hitze zugedeckt 8–10 Minuten stocken lassen.

3 In der Zwischenzeit Radicchioblätter vom Strunk lösen, waschen und trocken schleudern. Essig mit 2 EL Wasser, Salz, Pfeffer, Xylit und restlichem Olivenöl verrühren. Radicchio und Oliven mit dem Dressing vermengen und mit der fertigen Frittata servieren.

In unserem Ratgeber erfährst du, warum die Darmgesundheit so wichtig für deinen Abnehmerfolg ist.

Eine Wohltat
für den
ganzen Körper

ZUTATEN

11 g KH

- 1 Zwiebel
- 1 Knoblauchzehe
- 1 Chilischote
- 1 mittelgroße Karotte
- 1 EL Olivenöl
- 400 g geschälte Tomaten (Dose)
- Salz und Pfeffer
- 1 TL getrockneter Oregano
- 250 g Fontina
- 350 g Blumenkohlröschen
- 2 Eier
- 100 g geriebener Parmesan
- 100 g Parmaschinken in dünnen Scheiben
- 50 g Rucola

FÜR 4 PORTIONEN | 90 MIN.

GLU

Blumenkohl-Pizza mit Parmaschinken und Rucola

PRO PORTION 482 kcal | 35 g E | 34 g F

1 Für die Tomatensauce Zwiebel und Knoblauch schälen. Zwiebel fein würfeln, Knoblauch hacken. Chilischote waschen, putzen, entkernen und ebenfalls hacken. Die Karotte schälen, von den Enden befreien und in kleine Würfel schneiden. Alles in einem Topf im heißen Olivenöl andünsten. Geschälte Tomaten, etwas Salz, Pfeffer und Oregano dazugeben und die Sauce bei mittlerer Hitze etwa 20 Minuten sanft köcheln lassen.

2 Den Backofen auf 220 °C Ober-/Unterhitze vorheizen. Für den Teig den Fontina fein reiben. Den Blumenkohl waschen und gründlich abtropfen lassen, dann auf einer Küchenreibe oder mit einer Küchenmaschine fein raspeln.

3 Blumenkohl und Fontina in einer Schüssel vermengen. Eier, 1 TL Salz und etwas Pfeffer dazugeben, alles zu einer glatten Masse verrühren. Diese auf ein mit Backpapier belegtes Backblech geben und in beliebiger Form gleichmäßig dick verstreichen, etwa 10 Minuten im vorgeheizten Ofen backen.

4 Die Tomatensauce auf dem vorgebackenen Blumenkohlteig verstreichen, dann den geriebenen Parmesan und den Parmaschinken darauf verteilen. Anschließend in weiteren 10 Minuten im vorgeheizten Ofen goldbraun backen. Den Rucola verlesen, waschen und trocken schleudern. Pizza aus dem Ofen nehmen, mit dem Rucola belegen und servieren.

FÜR 4 PORTIONEN | 40 MIN.
GLU

Sauerkraut-Auflauf mit Kasseler

PRO PORTION 485 kcal | 40 g E | 29 g F

1 Den Backofen auf 180 °C Umluft vorheizen. Zwiebel schälen und fein würfeln. Kasseler in kleine Stücke schneiden. Frühlingszwiebeln putzen, waschen und in Ringe schneiden.

2 Öl in einem Topf erhitzen und die Zwiebel darin 2–3 Minuten glasig dünsten. Kasseler dazugeben und 1–2 Minuten braten. Sauerkraut hinzufügen und alles vermengen.

3 Eier und saure Sahne glatt rühren und mit Salz, Pfeffer und Muskatnuss würzen. Sauerkraut in eine gefettete Auflaufform geben, Frühlingszwiebeln darüber verteilen und alles mit der Ei-Mischung übergießen. Mit dem Käse bedecken und den Auflauf im vorgeheizten Ofen etwa 30 Minuten goldbraun backen. Aus dem Ofen nehmen und servieren.

• TIPP • Sauerkraut ist ein echter Superheld für deine Darmflora! Es hemmt das Wachstum schädlicher Bakterien und kann so das Gleichgewicht der Darmflora unterstützen.

Hier ist alles Wichtige drin

ZUTATEN

11 g KH

- 1 Zwiebel
- 500 g Kasseler
- 4 Frühlingszwiebeln
- 2 EL Rapsöl zzgl. etwas mehr zum Fetten der Form
- 1 kg Sauerkraut (Dose)
- 2 Eier
- 125 g saure Sahne
- Salz und Pfeffer
- 1 Prise Muskatnuss
- 200 g geriebener Emmentaler

ZUTATEN

24 g KH

- 400 g Blutorangen
- 400 g TK-Beerenmix
- 400 g Kefir

FÜR 4 GLÄSER (À 250 ML) | 10 MIN.
VEG GLU

Blutorangen-Beeren-Smoothie

PRO PORTION 157 kcal | 5 g E | 5 g F

1 Die Blutorangen so mit einem scharfen Messer schälen, dass die weiße Haut komplett entfernt wird.

2 Blutorangen, gefrorene Beerenmischung und Kefir in einen leistungsstarken Standmixer geben. Je nach gewünschter Konsistenz 150–250 ml Wasser angießen und alles fein pürieren. Den Smoothie in 4 Gläser füllen und servieren.

• TIPP • Probiotika aus Kefir, Ballaststoffe aus Beeren, Vitamine aus Blutorangen – all das trägt zur allgemeinen Gesundheit des Verdauungstrakts bei. Noch dazu ist der Smoothie schnell gemacht und super erfrischend!

Gutes kann so einfach sein

FÜR 4 PORTIONEN | 25 MIN.

VEG GLU

Artischockensalat mit Orangendressing

PRO PORTION 288 kcal | 11 g E | 20 g F

1 Die Zwiebel schälen und in dünne Ringe schneiden. Kirschtomaten waschen und halbieren. Den Rucola waschen, trocken schleudern und in mundgerechte Stücke zupfen.

2 Die Artischockenherzen gut abtropfen lassen. Die Pinienkerne in einer Pfanne ohne Öl goldbraun rösten. Aus der Pfanne nehmen und abkühlen lassen. Artischockenherzen vierteln. Den Parmesan in Späne hobeln. Die Petersilie waschen und trocken tupfen. Blättchen von den Stielen zupfen und grob hacken.

3 Die Orange heiß waschen. Von der Schale 1 TL fein abreiben. Anschließend den Saft auspressen. Orangensaft, -schale, Honig, Balsamicoessig und Olivenöl verrühren. Mit Salz und Pfeffer abschmecken.

4 Rucola, Zwiebel, Kirschtomaten, Artischockenherzen, Petersilie, Pinienkerne, Kapern und Parmesan vorsichtig mit dem Dressing vermengen. Den Salat servieren.

• TIPP • Kapern sind fermentierte Blütenknospen des Kapernstrauchs und können als probiotisches Lebensmittel betrachtet werden. Sie enthalten natürliche Milchsäurebakterien, die die Darmgesundheit unterstützen.

ZUTATEN

12 g KH

- 1 rote Zwiebel
- 250 g Kirschtomaten
- 2 Bund Rucola
- 12 Artischockenherzen in Lake (Dose)
- 50 g Pinienkerne
- 40 g Parmesan
- 5 Stiele Petersilie
- 1 unbehandelte Orange
- 1 TL Honig
- 4 EL heller Balsamicoessig
- 4 EL Olivenöl
- Salz und Pfeffer
- 2 EL Kapern in Lake (Glas)

Hilfe bei Heißhunger

Für den Notfall

ABENDS AUF DER COUCH,
WÄHREND LANGEN MEETINGS,
WENN ES MAL SCHNELL
GEHEN MUSS
ODER WENN DICH
ZWISCHENDURCH
DER HUNGER PACKT,
HAST DU MIT DIESEN SNACKS
IMMER ETWAS KLEINES PARAT!

ZUTATEN

6 g KH

- 100 g Parmesan
- 2 Stiele Thymian
- 2 Zweige Rosmarin
- 4 Zucchini
- 2 Eier
- Salz und Pfeffer
- 3 EL Mandelgrieß
- 4 EL körniger Senf
- 1 TL Kräutersenf
- 2 EL Joghurt
- 1 EL Mayonnaise
- 1 rote Frühlingszwiebel
- 1 TL Rotweinessig
- 1 EL Olivenöl

FÜR 4 PORTIONEN | 45 MIN.

VEG GLU

Zucchini-Sticks mit Senfdip

PRO PORTION 327 kcal | 18 g E | 25 g F

1 Den Backofen auf 200 °C Ober-/Unterhitze vorheizen und ein Backblech mit Backpapier belegen. Den Parmesan reiben und in eine Schüssel geben. Die Kräuter waschen, trocken schütteln, Blätter und Nadeln abzupfen, grob hacken und mit dem Parmesan vermischen.

2 Die Zucchini waschen, putzen und in fingerdicke Sticks schneiden. Die Eier in eine Schüssel schlagen, verquirlen und mit Salz und Pfeffer würzen. Die Hälfte der Parmesan-Mischung mit dem Mandelgrieß mischen. Die Zucchini-Sticks zuerst durch das Ei ziehen, dann im Parmesan-Grieß-Mix wenden.

3 Auf dem Backpapier verteilen und dann im heißen Ofen etwa 15 Minuten backen. Für den Dip beide Senfsorten, Joghurt und Mayonnaise verrühren. Frühlingszwiebeln waschen, putzen, schräg in Ringe schneiden und mit Essig und Öl vermischen und bis zur Verwendung durchziehen lassen.

4 Zucchini-Sticks aus dem Ofen nehmen und nach Belieben in Tüten aus Butterbrot- oder Backpapier anrichten. Den Senfdip in einem Schälchen mit den marinierten Frühlingszwiebeln anrichten. Mit übriger Parmesan-Mischung garnieren und servieren.

FÜR 4 PORTIONEN | 45 MIN.
VEG

Brokkoli-Cheese-Nuggets mit Sweet-Chili-Sauce

PRO PORTION 400 kcal | 23 g E | 26 g F

1 Brokkoli putzen, in Röschen teilen und gut waschen. In kochendem Salzwasser 5–6 Minuten blanchieren. Abgießen, abschrecken und gut abtropfen lassen. Petersilie waschen, trocken schütteln und die abgezupften Blättchen fein hacken. Zwiebeln schälen und fein würfeln.

2 Brokkoli vorsichtig trocken tupfen und mit Petersilie, Zwiebeln, Mandeln und Gouda in eine Küchenmaschine geben. Zerkleinern, dann Eier, 1 TL Salz und etwas Pfeffer dazugeben und alles zu einer glatten Masse pürieren. Den Backofen auf 200 °C Umluft vorheizen, 2 Bleche mit Backpapier auslegen. Aus der Masse mit 2 Teelöffeln Nuggets auf die Bleche setzen und jeweils mit etwas Öl beträufeln. Im vorgeheizten Ofen etwa 15 Minuten goldbraun backen.

3 Inzwischen für die Sauce Chilischoten und Paprika waschen, Chilis nach Belieben entkernen, Paprika vom Kerngehäuse befreien und beides fein würfeln. Knoblauch schälen und durch die Knoblauchpresse in einen Topf pressen. Die Chilis, Paprika, 250 ml Wasser, Essig, Sojasauce, Agar-Agar, Erythrit, 1 TL Salz zugeben und alles aufkochen lassen. Dann unter Rühren 5 Minuten köcheln lassen, dann abschmecken. Die Brokkoli-Käse-Nuggets aus dem Ofen nehmen, etwas abkühlen lassen und mit der Sweet-Chili-Sauce servieren.

ZUTATEN

20 g KH

- 750 g Brokkoli
- 6 Stiele Petersilie
- 2 Zwiebeln
- 70 g gemahlene Mandeln
- 200 g geriebener Gouda
- 2 Eier
- Salz und Pfeffer
- 1–2 EL Olivenöl
- 3 rote Chilischoten
- 3 Knoblauchzehen
- ½ rote Paprikaschote
- 60 ml Reisessig
- 1 EL Sojasauce
- ½ TL Agar-Agar
- 80 g Erythrit

ZUTATEN

8 g KH

- ½ TL schwarze Pfefferkörner
- ½ TL Kreuzkümmelsaat
- ½ TL Salz
- ½ TL Kurkumapulver
- 180 g Linsenmehl
- 3–4 EL Rapsöl

FÜR 12 STÜCK | 30 MIN. ZZGL. 5 STD. RUHEZEIT

V VEG LAC GLU

Linsenfladen

PRO STÜCK 82 kcal | 4 g E | 4 g F

1 Den Pfeffer mit dem Kreuzkümmel und dem Salz im Mörser fein zerstoßen, dann mit der Kurkuma unter das Linsenmehl mischen. Nach und nach so viel kaltes Wasser (etwa 160 ml) zugeben und verkneten, bis ein fester Teig entstanden ist.

2 Den Teig flach drücken, mit dem Rapsöl bepinseln und dann in 12 gleich große Portionen teilen. Jeweils auf Backpapier 2–3 mm dünn rund ausrollen. Anschließend auf ein Küchentuch legen und etwa 5 Stunden antrocknen lassen.

3 Anschließend nacheinander in einer heißen, mit Öl ausgepinselten Pfanne alle Fladen auf beiden Seiten je 1–2 Minuten goldbraun ausbacken und servieren.

• TIPP • Diese Fladen passen gut als Beilage zu unserem Putencurry auf Seite 64.

FÜR 40 STÜCK | 45 MIN. ZZGL. 60 MIN. KÜHLZEIT

VEG GLU

Hirse-Kokos-Plätzchen

PRO STÜCK 78 kcal | 1 g E | 7 g F

1 Das Kokosmehl sieben und mit dem Hirsemehl und den gemahlenen Mandeln mischen. Auf die Arbeitsfläche häufeln, in die Mitte eine Mulde drücken und die Eigelbe mit dem Salz, dem Honig und der Vanille hineingeben. Die Butter in Flöckchen teilen und auf den Mehlrand setzen.

2 Alle Zutaten mit einem Messer krümelig hacken, anschließend rasch mit den Händen zu einem glatten Teig verkneten. Diesen zur Rolle formen und in Folie gewickelt für mindestens 60 Minuten in den Kühlschrank legen.

3 Den Backofen auf 180 °C Ober-/Unterhitze vorheizen. Den Teig aus dem Kühlschrank nehmen und mit dem Messer in etwa 1 cm dicke Scheiben schneiden. Die Scheiben mit etwas Abstand zueinander auf ein mit Backpapier belegtes Blech setzen.

4 Die Teiglinge mit den gehackten Mandeln bestreuen. Im vorgeheizten Backofen in 10–15 Minuten goldbraun backen, herausnehmen und auf einem Kuchengitter auskühlen lassen, dann servieren.

ZUTATEN

3 g KH

- 100 g Kokosmehl
- 100 g Hirsemehl
- 100 g gemahlene, blanchierte Mandeln
- 2 Eigelbe
- 1 Prise Salz
- 3 EL flüssiger Honig
- 1 TL Vanilleextrakt
- 175 g kalte Butter
- 60 g gehackte Mandeln

ZUTATEN

9 g KH

- 4 EL Kokosöl zzgl. etwas mehr zum Fetten
- 200 g entsteinte Datteln
- 80 ml frisch gebrühter Espresso
- 1 TL Vanilleextrakt
- 100 g Buchweizen
- 24 geröstete Haselnusskerne
- 100 g gemahlene Haselnüsse
- 40 g Kokosmehl zzgl. etwas mehr zum Bearbeiten
- 40 g Kakaonibs
- 40 g Kakaopulver zzgl. etwas mehr zum Bestäuben

FÜR 24 STÜCK | 40 MIN. ZZGL. 30 MIN. KÜHLZEIT

V VEG LAC GLU

Energy Balls mit Haselnüssen

PRO STÜCK 95 kcal | 3 g E | 5 g F

1 Kokosöl zerlassen. Die Datteln mit dem heißen Espresso, Kokosöl und Vanille vermengen und etwa 15 Minuten ruhen lassen.

2 Inzwischen den Buchweizen in einer Pfanne rösten und wieder abkühlen lassen. Haselnusskerne ebenfalls rösten, aus der Pfanne nehmen und abkühlen lassen.

3 Die Dattelmasse fein pürieren und anschließend mit geröstetem Buchweizen, gemahlenen Haselnüssen, Kokosmehl, Kakaonibs und Kakao zu einer formbaren Masse vermengen. Bei Bedarf noch etwas Wasser oder Kokosmehl unterrühren.

4 Aus der Konfektmasse mit leicht gefetteten Händen etwa 24 kleine Kugeln formen und jeweils in die Mitte 1 geröstete Haselnuss geben. Abgedeckt etwa 30 Minuten kalt stellen. Vor dem Servieren mit etwas Kakaopulver bestäuben.

• TIPP • Friere die Energy Balls in luftdichten Gefäßen ein. Dann kannst du sie bei Bedarf einzeln entnehmen und bei Raumtemperatur auftauen lassen, um immer einen Notfallsnack für schnelle Energie griffbereit zu haben. Im Gefrierfach halten sie sich 2 bis 3 Monate.

FÜR 4 PORTIONEN | 10 MIN.
V VEG LAC GLU

Blaubeer-Booster

PRO PORTION 275 kcal | 23 g E | 11 g F

1 Banane schälen und in Stücke schneiden. Die Blaubeeren verlesen, waschen und trocken tupfen. Ein paar der Beeren zum Garnieren zur Seite legen.

2 Die restlichen Beeren mit der Banane, 1 EL Kokosraspeln, Kokoswasser und Milchalternative sowie Proteinpulver in einen Mixer geben und fein pürieren.

3 Den Smoothie in Gläser füllen, mit den restlichen Blaubeeren und übrigen Kokosraspeln garnieren und kalt servieren.

• TIPP • Verwende den Blaubeer-Booster auch als Basis für ein tolles fruchtiges Salatdressing.

Ein echter Power-Smoothie

ZUTATEN

18 g KH

- 1 Banane
- 250 g Blaubeeren
- 500 ml Kokosnusswasser
- 2 EL Kokosraspel
- 200 ml zuckerfreie Milchalternative mit Kokosgeschmack
- 30 g veganes Proteinpulver (z. B. Vanille)

ZUTATEN

19 g KH

- 350 g Erdbeeren
- 1 unbehandelte Limette
- 3 EL Agavendicksaft
- 500 g Kefir

FÜR 4 PORTIONEN | 10 MIN.

VEG GLU

Erdbeer-Kefir-Drink

PRO PORTION 159 kcal | 5 g E | 5 g F

1 Erdbeeren vorsichtig waschen, putzen und grob würfeln. Limette heiß waschen und die Schale fein abreiben. Die Frucht halbieren und den Saft auspressen.

2 Erdbeeren mit Limettenschale, -saft, Agavendicksaft und Kefir in einen leistungsstarken Mixer geben und fein pürieren. In Gläser verteilen und servieren.

• TIPP • Besonders frisch schmecken die Drinks, wenn die Gläser 60 Minuten im Gefriergerät vorkühlen. Für Gäste die Drinks auf Crushed Ice servieren.

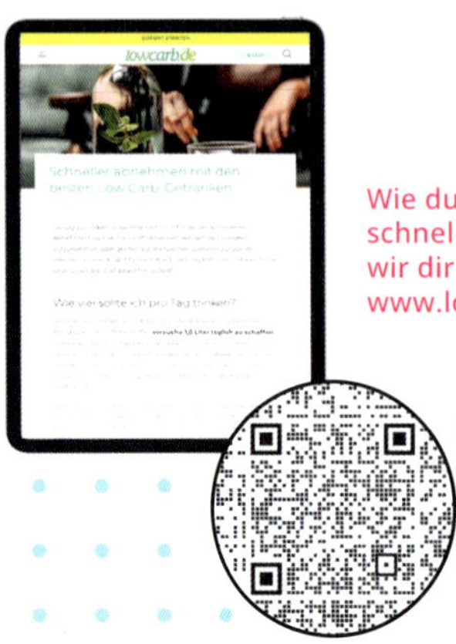

Wie du mit Low Carb-Getränken schneller abnimmst, verraten wir dir in diesem Artikel auf www.lowcarb.de. Jetzt lesen!

So einfach,
so gut
EASY

ZUTATEN

8 g KH

- 1 Bund Koriander
- 1 Gurke
- 400 g Joghurt
- 3 TL Moringablattpulver
- Salz und Pfeffer
- 2 EL Kokosöl

FÜR 4 PORTIONEN | 15 MIN.

VEG GLU

Gurken-Lassi mit Koriander

PRO PORTION 132 kcal | 5 g E | 9 g F

1 Koriander waschen, trocken schütteln und einige der abgezupften Blättchen für die Garnitur beiseitelegen, den Rest grob hacken. Gurke waschen, trocken tupfen und aus der Mitte 4 dünne Scheiben zum Garnieren herausschneiden. Die übrige Gurke in Stücke schneiden.

2 Korianderblättchen und Gurke mit Joghurt in einem Standmixer erst langsam, dann auf höchster Stufe fein pürieren. Moringablattpulver, etwas Salz, Pfeffer und das Kokosöl zugeben, 400 ml Wasser angießen und alles zu einem feinen Lassi pürieren.

3 Lassi mit Gurke und restlichem Koriander in Gläsern anrichten und servieren.

• TIPP • Moringablattpulver wird aus den getrockneten Blättern des Moringa-Baums hergestellt, der auch „Wunderbaum“ heißt. Und es macht seinem Namen alle Ehre, denn das Pulver enthält u. a. alle neun essenziellen Aminosäuren, was es zu einer ausgezeichneten pflanzlichen Proteinquelle macht. Du erhältst es im Internet oder im Reformhaus. Verwende alternativ Kresse, Rucola, Matcha- oder Spirulina-Pulver.

FÜR 4 PORTIONEN | 15 MIN.

V VEG LAC GLU

Ingwer-Orangen-Kurkuma-Drink

PRO PORTION 178 kcal | 2 g E | 2 g F

1 Zitrone halbieren und den Saft auspressen. Die Orangen waschen und mit einem Messer so schälen, dass das Weiße vollständig entfernt wird. Das Fruchtfleisch grob würfeln. Ingwer und Kurkuma schälen und klein schneiden.

2 Alle Zutaten mit dem Xylit und etwa 100 ml Wasser in einen leistungsstarken Mixer geben und alles fein pürieren. In Gläser füllen und servieren.

• TIPP • Dieser Drink ist ein echter Superheld für deine Fitness. Der Ingwer unterstützt deine Immunfunktion, die Orangen liefern dir Vitamin C für die Hautgesundheit. Kurkuma enthält Curcumin, eine starke entzündungshemmende Verbindung. Die Zitrone enthält Antioxidantien, die helfen können, den pH-Wert im Körper auszubalancieren. Und schließlich haben wir das Xylit, das viel weniger Kalorien und Kohlenhydrate enthält als herkömmlicher Zucker.

ZUTATEN

25 g KH

- 1 Zitrone
- 4 Orangen
- 3 cm Ingwer
- 1,5 cm Kurkuma
- 2 EL Xylit

ZUTATEN

25 g KH

- 350 g Babyspinat
- 2 kleine Bananen
- 1 EL Zitronensaft
- 2 cm Ingwer
- 200 ml Orangensaft
- 2 EL Mandelmus
- 1 EL Leinöl
- 1 EL Weizenkeimöl
- 80 g veganes Proteinpulver (z. B. Vanille)
- Einige Eiswürfel

FÜR 4 GLÄSER (À 200 ML) | 15 MIN.

V VEG LAC GLU

Grüner Bauch-weg-Smoothie

PRO GLAS 257 kcal | 21 g E | 9 g F

1 Spinat verlesen, waschen und abtropfen lassen. Bananen schälen, in Stücke schneiden und mit dem Zitronensaft beträufeln. Ingwer schälen und fein reiben.

2 Spinat mit den Bananen und dem Saft in einen leistungsstarken Mixer geben und alles fein pürieren. Das Mandelmus, die Öle, das Proteinpulver und 200 ml kaltes Wasser zufügen und alles gut durchmixen.

3 Den Smoothie nach Belieben mit mehr Wasser verdünnen, mit jeweils 2–3 Eiswürfeln in Gläser füllen und servieren.

• TIPP • Du kannst den Smoothie einfach in Popsicle-Formen gießen und einfrieren. Dieses selbst gemachte, erfrischende Eis macht doch richtig Lust auf gesundes Essen!

Superlecker, schnell zubereitet und voller Vitamine: Hier findest du unsere Lieblingsrezepte für dein gesundes Frühstück, deinen Snack oder Nachtisch!

Hoher
Proteingehalt

Schummeln erlaubt!

Cheat Day

DAMIT DU BEIM CHEAT DAY
NICHT ALLE REGELN
ÜBER BORD WERFEN MUSST,
HABEN WIR DIR EXTRA
LOW CARB-KUCHEN
UND ZUCKERFREIE DESSERTS
ZUSAMMENGESTELLT.
SO HÄLTST DU
EINFACH BESSER DURCH!

ZUTATEN

25 g KH

- 200 g Brombeeren
- 50 g Xylit
- 200 ml Milch
- 200 ml Kokosmilch (Dose)
- 5 EL Chiasamen
- 4 TL gemahlener Mohn
- 2 EL Mandelstifte
- 2 Feigen
- 200 g Joghurt

FÜR 4 PORTIONEN | 25 MIN. ZZGL. 60 MIN. KÜHLZEIT

VEG GLU

Chiapudding mit Feigen und Brombeeren

PRO PORTION 332 kcal | 13 g E | 20 g F

1 Brombeeren verlesen, einige für die Garnitur beiseitelegen, bei Bedarf vorsichtig waschen. Brombeeren mit der Hälfte des Xylits in einen Topf geben. Zusammen mit 2–3 EL Wasser aufkochen. Etwa 5–6 Minuten köcheln lassen, bis die Beeren zerfallen. Zur Seite ziehen, auskühlen lassen.

2 In der Zwischenzeit Milch mit Kokosmilch in einem kleinen Topf aufkochen und Chiasamen unter Rühren hinzufügen. Mit restlichem Xylit leicht süßen. Nun den Mohn unterrühren. Die Masse zur Seite ziehen, etwas abkühlen lassen, dann etwa 60 Minuten kalt stellen.

3 Mandelstifte in einer Pfanne ohne Zugabe von Fett rösten. Chiapudding aus dem Kühlschrank nehmen und nochmals gründlich durchrühren. Feigen waschen und in Scheiben schneiden. Pudding abwechselnd mit Feigen und dem Brombeerkompott in 4 Gläser schichten und mit Joghurt toppen. Mit Mandeln und restlichen Brombeeren garnieren und servieren.

• TIPP • Du brauchst für einen besonderen Anlass oder als Snack für hektische Tage eine hübsche wie leckere Nascherei? Dann gönne dir diesen feinen Pudding, der dank der Chiasamen auch noch satt macht und dich mit Mineralien versorgt.

FÜR 4 PORTIONEN | 20 MIN. ZZGL. 8 STD. KÜHLZEIT
VEG GLU

Orangen-Chia-Creme

PRO PORTION 441 kcal | 10 g E | 36 g F

1 Orange heiß waschen und die Schale fein abreiben. Mandelmilch und Kokosmilch erhitzen und 1–2 Minuten aufkochen. Orangenschale, Xylit und 5 EL Chiasamen einrühren. Abkühlen lassen, dann den Joghurt untermengen. Über Nacht in den Kühlschrank stellen.

2 Am nächsten Tag die Orange halbieren, auspressen und den Orangensaft unter die Creme rühren. Pistazien grob hacken. Orangen-Chia-Creme in 4 Schüsseln verteilen, mit übrigen Chiasamen und Pistazien bestreuen und servieren.

• TIPP • Hier stecken lauter Sattmacher-Zutaten drin: gequollene Chiasamen, Mandel- und Kokosmilch sowie Orange.

Mit Pistazien-Kick

ZUTATEN

18 g KH

- 1 unbehandelte Orange
- 400 ml Mandeldrink
- 400 ml Kokosmilch (Dose)
- 2 EL Xylit
- 6 EL Chiasamen
- 100 g Joghurt
- 3 EL Pistazienkerne

ZUTATEN

4 g KH

- 100 g weiche Butter
- 30 g Kokosöl
- 125 g Erythrit
- 5 Eier
- 40 g Kokosmehl
- 40 g Mandelmehl
- 80 g Kokosraspel
- 1 TL Weinstein-Backpulver
- 200 ml Milch
- 1 EL Zitronensaft

HILFSMITTEL

- Kastenform (Länge 28 cm)

FÜR 16 STÜCKE | 60 MIN.

VEG GLU

Kokoskuchen

PRO STÜCK 146 kcal | 5 g E | 13 g F

1 Den Backofen auf 180 °C Ober-/Unterhitze vorheizen. Kastenform mit Backpapier auskleiden.

2 Butter mit Kokosöl und Erythrit cremig rühren. Eier einzeln dazugeben und unterrühren. Kokosmehl mit Mandelmehl, Kokosraspel sowie Backpulver mischen und abwechselnd mit Milch unter den Teig rühren. Zitronensaft ebenfalls unterrühren.

3 Den Teig in die Kastenform geben und im vorgeheizten Ofen 35–40 Minuten backen. Aus dem Ofen nehmen, etwas abkühlen lassen, dann auf einem Kuchengitter vollständig auskühlen lassen. In Scheiben schneiden, servieren.

• TIPP • Low Carb-Kuchen sind meist etwas klebriger als herkömmliche Kuchen. Daher kleiden wir die Kastenform mit Backpapier aus, damit der Kuchen besser aus der Form zu bekommen ist. Du kannst stattdessen auch eine Silikonform nehmen und diese mit Butter einpinseln.

Ob herzhaft oder süß – die tropischen Allrounder verfeinern zahlreiche Low Carb-Gerichte. Klicke dich hier durch unsere Rezeptideen!

Ohne Mehl
und Zucker

ZUTATEN

12 g KH

- Etwas weiche Butter zum Fetten der Form
- 1 Vanilleschote
- ½ unbehandelte Orange
- 6 Eier
- 1 Prise Salz
- 5 EL flüssiger Honig
- 1 TL Zimtpulver
- 200 g gemahlene Mandeln
- 60 g Mandelblättchen

HILFSMITTEL

- Springform (Ø 26 cm)

FÜR 8 STÜCKE | 60 MIN.

VEG GLU

Mandelkuchen

PRO STÜCK 284 kcal | 13 g E | 21 g F

1 Den Backofen auf 180 °C Umluft vorheizen. Den Boden der Springform mit Backpapier auslegen und den Rand fetten.

2 Vanilleschote halbieren und das Mark herauslösen. Orange heiß waschen und die Schale fein abreiben. Eier trennen. Eiweiß mit dem Salz steif schlagen. Eigelb mit Honig, Vanillemark, Orangenschale und Zimt cremig rühren. Die gemahlenen Mandeln unterrühren. Eischnee ebenfalls unterheben.

3 Den Teig in der vorbereiteten Form verteilen und mit Mandelblättchen bestreuen. Im vorgeheizten Ofen 35–40 Minuten backen, bei Bedarf mit Backpapier abdecken. Anschließend den Kuchen aus dem Ofen nehmen und vor dem Servieren vollständig auskühlen lassen.

• TIPP • Hier ist es wichtig, dass du den Kuchen wirklich gut auskühlen lässt, damit die feste Konsistenz erhalten bleibt.

Naschen ohne Reue

FÜR 12 STÜCKE | 70 MIN.

VEG GLU

Zitronenkuchen mit Chiasamen

PRO STÜCK 173 kcal | 7 g E | 15 g F

1 Den Backofen auf 180 °C Ober-/Unterhitze vorheizen. Eine Kastenform mit Backpapier auskleiden.

2 1 Zitrone heiß waschen. Die Schale fein abreiben, den Saft auspressen. Butter mit Erythrit cremig rühren. Eier einzeln dazugeben und unterrühren. Mandelmehl mit Backpulver sowie 20 g Chiasamen mischen und unterrühren. Zitronenschale sowie -saft zugeben und ebenfalls unterrühren. Teig in die Form füllen und glatt streichen. Den Kuchen im vorgeheizten Ofen 35–40 Minuten backen, herausnehmen und auskühlen lassen.

3 Für den Guss die übrige Zitrone heiß waschen. Dann die Schale fein abreiben und anschließend den Saft auspressen. Das Pudererythrit mit Zitronensaft anrühren.

4 Den Kuchen mit dem Guss bestreichen. Zitronenschale und übrige Chiasamen darüberstreuen. Den Guss trocknen lassen, den Kuchen dann in Scheiben schneiden und servieren.

• TIPP • Wenn du Zitronenkuchen magst, wirst du diesen Kuchen lieben. Er ist supersaftig, luftig und ultrazitronig! Ein Stück hat gerade mal 3 Gramm Kohlenhydrate dank Mandelmehl, Eiern und dem Zuckerersatz Erythrit.

ZUTATEN

3 g KH

- 2 unbehandelte Zitronen
- 150 g weiche Butter
- 165 g Erythrit
- 5 Eier
- 125 g Mandelmehl
- 1 TL Weinstein-Backpulver
- 40 g Chiasamen
- 200 g Pudererythrit

HILFSMITTEL

- Kastenform (Länge 28 cm)

ZUTATEN

6 g KH

- 180 g Rapsöl zzgl. etwas mehr zum Fetten
- 200 g Zucchini
- 4 Eier
- 225 g Erythrit
- 2 TL Vanillepaste
- 175 g Mandelmehl
- 150 g gemahlene Haselnüsse
- 1 Prise Salz
- ½ TL Natron
- 1 TL Weinstein-Backpulver
- 1 EL Kakaopulver
- 1 TL Zimtpulver
- 80 g zuckerfreie Zartbitterschokolade
- 20 g Kokosöl

HILFSMITTEL

- Gugelhupfform (Ø etwa 24 cm)

FÜR 16 STÜCKE | 90 MIN.

VEG LAC GLU

Saftiger Zucchini-Gugelhupf

PRO STÜCK 256 kcal | 8 g E | 23 g F

1 Den Backofen auf 180 °C Ober-/Unterhitze vorheizen. Eine Gugelhupfform mit etwas Öl einfetten.

2 Zucchini waschen, putzen und mit einer groben Reibe raspeln. Eier mit Erythrit und Vanillepaste schaumig schlagen. Öl unterrühren. Mandelmehl mit gemahlenen Haselnüssen, Salz, Natron, Backpulver, Kakaopulver und Zimt mischen.

3 Trockene Zutaten und Zucchini unter die Ei-Zucker-Masse rühren. Den Teig in die vorbereitete Form geben und im vorgeheizten Ofen 50–55 Minuten backen. Aus dem Ofen nehmen und in der Form auskühlen lassen.

4 Die Schokolade grob hacken, mit dem Kokosöl über einem heißen Wasserbad schmelzen. Glasur auf dem Kuchen verteilen, trocknen lassen, in Stücke schneiden und servieren.

• TIPP • Drei gute Gründe für Zucchini im Kuchen: Die geraspelte Zucchini fügt dem Teig Feuchtigkeit hinzu, was ihn so saftig macht. Außerdem hat Zucchini einen milden Geschmack, der besonders gut zu Süßwaren passt. Und zu guter Letzt sind Zucchini eine hervorragende Quelle für Ballaststoffe, Vitamine und Mineralien.

Schoko-Fans aufgepasst! Hier kommen die besten Rezepte, um den Heißhunger auf Schokolade zu vertreiben. Im Rahmen einer ausgewogenen Low Carb-Diät ist es sogar wichtig, sich hin und wieder etwas zu gönnen.

Unser absoluter
Liebling

ZUTATEN

7 g KH

- Etwas weiche Butter zum Fetten der Tassen
- 1 Vanilleschote
- 100 g Blaubeeren
- 4 Eier
- 80 g Xylit
- 65 g Sahne
- 170 g Sahnejoghurt
- 150 g Mandelmehl

HILFSMITTEL

- 4 ofenfeste Tassen (à etwa 200 ml)

FÜR 4 STÜCK | 50 MIN.

VEG GLU

Tassenkuchen mit Blaubeeren

PRO STÜCK 294 kcal | 22 g E | 20 g F

1 Den Backofen auf 180 °C Ober-/Unterhitze vorheizen. 4 ofenfeste Tassen mit etwas Butter fetten. Vanilleschote der Länge nach halbieren, Mark herauslösen. Blaubeeren verlesen, bei Bedarf vorsichtig waschen und trocken tupfen.

2 Eier mit Xylit hell und cremig aufschlagen. Sahne, Joghurt, Vanillemark und Mandelmehl unterrühren. Alles zu einem glatten Teig verarbeiten. Teig auf die 4 Tassen verteilen und Blaubeeren in den Teig drücken. Im vorgeheizten Ofen 20–25 Minuten backen. Dann herausnehmen, etwas abkühlen lassen und servieren.

• TIPP • In unseren Backrezepten verwenden wir Xylit. Das ist ein Zuckerersatzstoff, der einen geringeren glykämischen Index hat als herkömmlicher Zucker. Das bedeutet, dass er den Blutzuckerspiegel weniger beeinflusst. Das liegt daran, dass Xylit weniger Kohlenhydrate enthält. Und trotzdem liefert es eine angenehme Süße.

FÜR 4 PORTIONEN | 15 MIN.
VEG GLU

Griechischer Joghurt mit Blaubeerpüree

PRO PORTION 198 kcal | 4 g E | 13 g F

1 Zitrone heiß waschen und die Schale fein abreiben. Die Blaubeeren verlesen, bei Bedarf vorsichtig waschen und trocken tupfen. Die Hälfte mit dem Orangensaft pürieren. Durch ein feines Sieb streichen.

2 Den Joghurt mit der Zitronenschale und dem Xylit verrühren. Das Blaubeermark leicht unterziehen und die Joghurtcreme in Schüsseln füllen. Mit den übrigen Blaubeeren garnieren und servieren.

• TIPP • Für Varianten kannst du ungesüßtes Proteinpulver mit deinem Lieblingsgeschmack unterrühren. Oder du gibst 1 EL Chia- oder Leinsamen hinzu, um die Nährstoffdichte zu erhöhen und die Konsistenz zu variieren. Natürlich schmecken auch Erdbeeren oder Himbeeren hervorragend. Außerdem machen sich eine Prise Zimt, etwas Vanilleextrakt oder geriebene Zitronenschale gut im Joghurt. Du siehst: Im Handumdrehen hast du für jeden Wochentag ein schnelles, abwechslungsreiches Dessert oder Frühstück auf dem Tisch!

Gelingt immer

ZUTATEN

17 g KH

- ½ unbehandelte Zitrone
- 300 g Blaubeeren
- 50 ml Orangensaft
- 500 g griechischer Joghurt
- 2 EL Xylit

FÜR 4 PORTIONEN | 15 MIN.
VEG GLU

Mascarpone-Quark-Creme mit Kiwi

PRO PORTION 421 kcal | 10 g E | 35 g F

ZUTATEN

12 g KH

- 200 g Mascarpone
- 200 g Quark
- 2 EL Xylit
- 1 TL Vanilleextrakt
- 2 EL Zitronensaft
- 150 g Sahne
- 6 Kiwis
- 2–3 EL Pistazienkerne

1 Den Mascarpone mit dem Quark, dem Vanilleextrakt, Xylit und dem Zitronensaft cremig rühren. Die Sahne steif schlagen und unter die Creme heben.

2 Die Kiwis schälen und in dünne Scheiben schneiden. Pistazien fein hacken. Kurz vor dem Servieren die Kiwi-Scheiben und die Creme abwechselnd in Gläser schichten und mit den Pistazien bestreut servieren.

• TIPP • Kiwis sind total lecker und reich an Ballaststoffen und Vitaminen. Trotzdem weisen sie noch einen relativ hohen Gehalt an Carbs auf. Daher ist bei Kiwis etwas Mäßigung angesagt, wenn du dich ganz streng Low Carb ernährst.

Hier findest du süße, fruchtige oder cremige Ideen für deinen genussvollen und gesunden Low Carb-Nachtisch.
Scanne den Code!

Vitamin-Power
im Glas

ZUTATEN

20 g KH

- 500 g gemischtes Obst nach Belieben (z. B. Apfel, Pfirsich, Beeren, Wassermelone)
- 75 g Walnusskerne
- 400 g Joghurt
- 100 g Quark
- 1 TL Zimtpulver
- 2 EL Leinöl

FÜR 4 PORTIONEN | 20 MIN.

VEG GLU

Zimtjoghurt mit Walnüssen

PRO PORTION 341 kcal | 11 g E | 25 g F

1 Obst waschen, putzen und in sehr kleine Würfel schneiden. Walnusskerne grob hacken. Nach Belieben in einer Pfanne ohne Zugabe von Fett rösten.

2 In einer Schale den Joghurt mit dem Quark, Zimt und dem Leinöl glatt rühren. Walnüsse und Obst unterrühren, in 4 Schalen füllen und servieren.

• TIPP • Hier ist besonders das Leinöl der Gesundheits-Star. Es ist reich an Omega-3-Fettsäuren, die zum Beispiel Entzündungen im Körper hemmen können und deinen Stoffwechsel anregen.

Nur vier Zutaten

FÜR 12 STÜCKE | 2 STD.

VEG GLU

Cheesecake mit Kokos und Schokolade

PRO STÜCK 476 kcal | 13 g E | 40 g F

1 Butter mit dem Kokos- und Mandelmehl in eine Rührschüssel geben. Kakaopulver, 1 Ei und Salz zufügen und alles mit dem Knethaken der Küchenmaschine krümelig zerkleinern.

2 Eine Springform mit Backpapier auslegen. Den Teig kurz durchkneten, auf den Boden der Form geben, gleichmäßig verteilen und andrücken. Boden etwa 30 Minuten kühl stellen.

3 Frischkäse mit Crème fraîche und Xylit glatt rühren. Die restlichen Eier einzeln nacheinander unterrühren, dann die Stärke untermischen. Anschließend die Sahne mit dem Vanillezucker steif schlagen und ebenfalls unterheben. Den Backofen nun auf 160 °C Ober-/Unterhitze vorheizen.

4 Die Frischkäsemasse auf den Boden geben, die Form in den Ofen schieben und den Kuchen 60–70 Minuten backen, bis die Käsemasse fest ist (Stäbchenprobe machen).

5 Den Cheesecake herausnehmen und in der Form auskühlen lassen. Aus der Form lösen, auf eine Kuchenplatte setzen und vor dem Servieren mit Schokospänen sowie den Kokoschips bestreuen und in Stücke schneiden.

ZUTATEN

19 g KH

- 125 g weiche Butter
- 80 g Kokosmehl
- 40 g Mandelmehl
- 3 EL Kakaopulver
- 5 Eier
- 1 Prise Salz
- 600 g Frischkäse
- 200 g Crème fraîche
- 80 g Xylit
- 2 EL Stärke
- 200 g Sahne
- 2 EL Vanillezucker
- 40 g Zartbitterschokoladenspäne
- 3 EL Kokoschips

HILFSMITTEL

- Springform (Ø 26 cm)

Service für dich

Für den Einstieg

ABNEHMEN AM BAUCH
– EFFEKTIV & NACHHALTIG –
WAR NOCH NIE SO EINFACH!
WIR LIEFERN DIR
EINEN PRAKTISCHEN
WOCHENPLAN,
ALLE INFOS ZU UNSERER APP
UND EIN WORKOUT
ZUM GRATIS-DOWNLOAD.

Low Carb gegen Bauchfett
7-TAGE-PLAN

WEITERE LOWCARB.DE-WOCHENPLÄNE FINDEST DU HIER:	MONTAG	DIENSTAG	MITTWOCH
EINSTIEG & ALLTAG	 *Für den Wochenvorrat* **Kürbis-toastbrot** Seite 27	 *Frühstücksshake* **Blutorangen-Beeren-Smoothie** Seite 126	 *Muntermacher* **Joghurt-Quark-Creme mit Beeren** Seite 19
KALORIENARM	 *Schnelles Mittag* **Avocado-Kichererbsen-Bowl** Seite 96	 *Neuentdeckung* **Protein-Gnocchi** Seite 99	 *Fleischfrei* **Kürbis-Spinat-Pfanne** Seite 100
FÜR DIE DARMGESUNDHEIT	 *Mittelmeer-Diät* **Fischpfanne mit Tomaten und Oliven** Seite 76	 *Low Carb-Highlight* **Blumenkohl-Curry mit Cashewkernen** Seite 106	 *Feierabend-Favorit* **Fruchtiger Hähnchensalat** Seite 38
KH gesamt pro Tag	48 g	64 g	55 g

PROBIERE ES JETZT AUS!

Spare Zeit, Geld und Nerven und plane deine Wochengerichte samt Einkaufsliste vor. Es lohnt sich und du hältst besser durch!

DONNERSTAG	FREITAG	SAMSTAG	SONNTAG

Nur 5 Zutaten Blutorangen-Mozzarella-Salat Seite 33	*Variantenreich* Griechischer Joghurt mit Blaubeerpüree und Quark Seite 153	*Fixer Protein-Boost* Rührei im Räucherlachsmantel Seite 22	*Glücklichmacher* Blumenkohl-Käse-Puffer mit Quark Seite 91

One Pot Sauerkraut-Gulasch-Eintopf Seite 60	*Family-Hit* Fischstäbchen mit Bohnenpüree Seite 84	*Gesunde Belohnung* Saftiger Zucchini-Gugelhupf Seite 150	*Etwas Besonderes* Putenröllchen mit Rosenkohlsalat Seite 62

Quick Dinner Kräuter-Gemüse-Frittata Seite 104	*Für die Movie-Night* Zucchini-Pommes mit Senfdip Seite 130	*Zum Aufwärmen* Leichte Thai-Suppe Seite 50	*Für die nächste Woche* Kimchi Seite 116
51 g	45 g	33 g	49 g

Fit in Rekordtempo

7-MINUTEN-WORKOUT

So klappt's mit der Bewegung: Dieses effektive Ganzkörper-Training kannst du mit wenig Equipment unkompliziert zu Hause durchführen

1 JUMPING JACKS

Eine der beliebtesten Fitnessübungen überhaupt ist der Jumping Jack – der Hampelmann. Er beansprucht den gesamten Körper, treibt den Puls hoch, trainiert so Ausdauer und das Herz-Kreislauf-System.

2 WALL SIT

Sieht leicht aus, ist aber verdammt anstrengend: Der Wall Sit trainiert die gesamte Beinmuskulatur. Dabei bleibt der Rücken an der Wand, die Beine sind im 90-Grad-Winkel aufgestellt.

3 PUSH-UPS

Liegestütze trainieren Arme und Körpermitte. Wichtig: Lasse den Ellenbogen dabei eng am Körper. Wer noch keine Push-ups am Boden schafft, kann sie an einer Erhöhung machen, zum Beispiel an einer Tischkante.

4 CRUNCHES

Crunches trainieren die Bauchmuskulatur. Beine aufstellen, mit dem Oberkörper hochkommen und wieder absenken. Als Variation können die Beine auch im 90-Grad-Winkel vom Boden abgehoben werden.

5 STEP-UPS

Mit Step-ups werden vor allem die Gesäß- und die hintere Oberschenkelmuskulatur trainiert. Steigere langsam erst mit einem, dann mit dem anderen Bein auf einen Hocker oder Stuhl, dann wieder herunter.

6 SQUADS

Kniebeugen sorgen für schöne Beine und einen knackigen Po. Stelle dich hüftbreit hin, spanne den Rumpf an, gehe tief in die Knie und wieder hoch. Die Knie dürfen dabei nicht nach innen kippen.

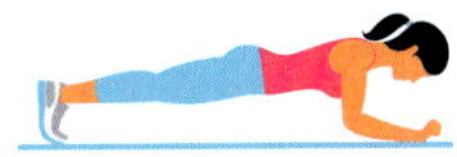

7 TRIZEPS-DIPS

Diese Übung trainiert den Trizeps – für starke, straffe Oberarme. Einfach mit dem Rücken zu einem Hocker stellen, die Füße vorn aufstellen und langsam die Arme runter- und wieder hochbewegen.

8 PLANK

Für eine starke Körpermitte: Die Unterarme parallel zum Körper auf den Boden bringen. Die Ellenbogen sind auf Höhe der Schultern. Die Füße aufstellen und den Körper wie ein Brett anheben und dann halten.

9 HIGH KNEES

Joggen mal anders: Bei den High Knees läufst du auf der Stelle und ziehst die Knie dabei im Wechsel so hoch wie möglich Richtung Kinn. Das trainiert deine Ausdauer und die gesamte Beinmuskulatur.

10 LUNGES

Ausfallschritte trainieren die Beine und die Gesäßmuskulatur. Einfach gerade hinstellen und im Wechsel mit einem Bein einen tiefen Ausfallschritt nach vorn machen. Das Knie sollte dabei immer über dem Fuß bleiben.

11 PUSH-UPS MIT ROTATION

Starte auf dem Boden liegend in der Push-up-Position, drücke dich dann hoch, hebe dabei einen Arm und rotiere den Oberkörper. Danach Seite wechseln. Super für die Körpermitte und straffe Arme.

12 SIDE PLANK

Für eine schlanke Taille: Der seitliche Unterarmstütz trainiert besonders die seitlichen und schrägen Bauchmuskeln. Drücke den gesamten Körper in einer geraden Linie hoch, dann die Seite wechseln.

SO FUNKTIONIERT DAS POWER-WORKOUT

Jede Übung wird 30 Sekunden durchgeführt, zwischen den Übungen sind jeweils 5 Sekunden Pause. Ein Zirkel dauert so etwa 7 Minuten und trainiert den ganzen Körper.

Wer mehr will, startet nach dem Zirkel einfach neu.

Wichtig: Die Reihenfolge der Übungen sollte nicht verändert werden, da der Zirkel so konzipiert ist, dass keine Muskelgruppe direkt zweimal hintereinander trainiert wird.

Hol dir jetzt das Workout als kostenloses PDF unter www.lowcarb.de/workout!

Mit Low Carb-Wochenplan

Gut geplant

DEINE LOWCARB.DE-APP

Mit dem praktischen Wochenplaner in der lowcarb.de-App kochst du jeden Tag stressfreier, nachhaltiger und vor allem leckerer

Wobei hilft der Wochenplaner in der App?

Du isst oft die gleichen Gerichte? Dir fehlt häufiger eine Rezeptidee? Du möchtest deinen Alltag besser strukturieren und Zeit sparen? Du verfolgst ein Ernährungsziel, weißt aber nicht, wie du anfangen sollst? Unsere perfekte Lösung für dich: der lowcarb.de-Wochenplaner!

MIT PLAN GEHT ALLES BESSER!

- → Iss jeden Tag Gerichte nach deinem Geschmack und entsprechend deiner Ziele
- → Du probierst auch mal neue Zutaten aus und kannst sie gelingsicher zubereiten
- → So erlebst du viel mehr Abwechslung, was dich beim Abnehmen motivieren wird
- → Du sparst richtig viel Geld durch sinnvolles, gezieltes Einkaufen
- → Du produzierst weniger Lebensmittelabfälle
- → Du erreichst deine persönlichen Ziele viel einfacher
- → Du reduzierst deinen Stress
- → Und der Heißhunger hat keine Chance mehr

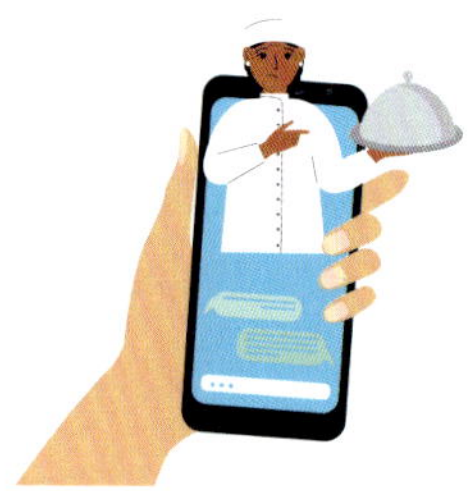

Deshalb nutzen so viele Menschen Wochenpläne:

Im Alltag bleibt oft wenig Zeit, sich in Ruhe Gedanken über Ernährung zu machen. Das führt zu unkontrolliertem und oft gleichem Einkaufsverhalten, dies wiederum zu einseitiger Kost, zum Wegwerfen von Lebensmitteln und Unzufriedenheit. Plane deine Gerichte, habe einen Überblick über Vorräte und wirklich Benötigtes und schärfe dein Bewusstsein für eine gesunde Abwechslung. Das fördert deinen Abnehmerfolg garantiert.

IN NUR 4 SCHRITTEN GEPLANT

- → Rezept auswählen
- → Wochenplan wählen
- → Heute, morgen oder anderen Tag wählen
- → Wochentag festlegen

DAS KANN DIE LOWCARB.DE-APP

- ✓ Finde in über 1000 Rezepten deine Lieblinge. Speichere deine Favoriten für deine individuelle Ernährungsplanung
- ✓ Vorschläge für die nächste Low Carb-Mahlzeit basierend auf deinen Vorlieben
- ✓ Wähle bequem aus fertigen Wochenplänen, die die lowcarb.de-Profis für dich zusammengestellt haben
- ✓ Tracke deine tägliche Kohlenhydratzufuhr
- ✓ Erstelle Einkaufslisten für einen entspannten Alltag

HIER GEHT'S ZUR APP

Im App Store

Bei Google Play

Lovebrand
mit über
450.000 Fans
bei Facebook
lowcarb.de
Die Ernährungs-App mit über 1.000 Rezepten
Abnehmen & Wohlfühlen
WAR NOCH NIE
SO LEICHT
UND LECKER!
1 Jahr für
nur 29,99 €
Meine Ernährungspläne
Das beste Chili con Carne
Jetzt scannen und Rabatt sichern!
Mit dem Code FIT50
4.6 App Store
Download on the App Store
Download on the App Store
Starte DEIN JAHR mit Mega-Rabatt: lowcarb.de/treue-aktion

Gemeinsam
ZUM GLÜCKSGEWICHT

Besuche uns auf Instagram oder Facebook! Hier teilen wir täglich neue Rezeptideen und Tipps zum Thema Low Carb.

HIER GEHT'S DIREKT ZU UNSEREN CHANNELS:

REZEPTREGISTER

Viele weitere Rezepte findest du auf www.lowcarb.de.

IMPRESSUM

„LOW CARB Tschüss, Bauchfett!"
ist eine Publikation aus dem Hause falkemedia

Herausgeber
falkemedia GmbH & Co. KG,
K. A. Goukassian (v. i. S. d. P.)

www.falkemedia.de
www.lowcarb.de

Mitglied der Geschäftsleitung und Leiter Marketing
Wolfgang Pohl
Leitung Books & Specials
Dr. Tanja Lindauer
Projektleitung
Hanna Schliemann
Leitung Rezeptentwicklung
Henrieke Wölfl
Redaktion und Rezeptentwicklung
Nicole Benke, Christine Bruhns, Vivien Koitka, Lukas Lotzing, Nicole Neumann (Druckmanagement) Elisa Schilling, Vera Schubert, Farina Terhaag, Bruntje Thielke
Art-Direktion und Layout
Lara Klemm
Grafik und Bildbearbeitung
Jasmin Gäding
Lektorat
Natalie Zahnow
Food-Fotograf*innen
Désirée Peikert, Frauke Antholz, Ira Leoni, Kathrin Knoll, Nicky & Max, Tina Bumann
Sonstige Food-Fotos
S. 148/149 BSH / Anna Gieseler; S. 146/150 BSH / Désirée Peikert; S. 152 BSH / Kathrin Knoll, S. 8 www.lowcarb.de
Stock-Fotos und -Illustrationen
Adobe Stock: S. 10 Alod; S. 16 Anastasiia Neibauer; S. 133 boryanam; S. 44/102 Bro Vector; S. 15 dariachekman; S. 58 Flash concept; S. 14 Forhad; S. 9 Gravision, S. 14 Hanna Syvak, S. 11 hisa-nishiya; S. 9 Irina; S. 72 Kudryavtev; S. 13 magnolia 1966; S. 114 MariaNechaeva; S. 10/15 missbobbit; S. 11 monticellllo; S. 135 New Africa; S. 10/14 NikAndr, S. 9 pic0bird; S. 9 pikovit; S. 88 Rudzhan; S. 11 simona; S. 10 ssstocker; S. 164 Sunny_Baby; S. 15 Svitana; S. 8 t.paisit; S. 128 tatianastulbo; S. 142 Vectorwonderland; S. 158 vik.stock; S. 136 xiquence; S. 30 yellow Dahlia | **depositphotos:** S. 28 viktoriya89 **Getty Images / Getty Images / E+:** S. 12 apomares | **Getty Images/ iStock/Getty Images Plus:** S. 163 Samorodinov; S. 12 Tatiana_Chudovska | **shutterstock:** S. 74 beta7; S. 117 Letterberry | **StockFood:** S. 1/38/39/ 40/54/57/84/126/100 Are Media; S. 47 Avalos Flores, Maricruz; S. 79 Bergmann, Meike; S. 130 Büchner, Bärbel, S. 153 Castilho, Rua; S. 55 Chatelain, Sonia; S. 18 Dangubic, Natasia, S. 1/ 139 Daniels, Sabrina Sue; S. 14 für ZS Verlag / Brachat, Oliver; S. 112 für ZS Verlag / Hoersch, Julia; S. 23 für ZS Verlag / Kirchherr, Jo; S. 46 für ZS Verlag / Lang, Coco; S. 6/108/144 für ZS Verlag / Schütz, Anke, S. 27 für ZS Verlag / Speck, Sabrina; S. 6/20/69/86 für ZS Verlag / Timmann, Claudia, S. 120 für ZS Verlag / Winner, Katrin; S. 64/125 Gräfe & Unzer Verlag / Grossmann-Schuerle; S. 92/132 Gräfe & Unzer Verlag / Hoersch, Julia; S. 19/ 22/76/138/140 Gräfe & Unzer Verlag / Kramp + Gölling; S. 95/145 Gräfe & Unzer Verlag / mona binner PHOTOGRAPHIE; S. 78 Gräfe & Unzer Verlag / Neubauer, Mathias; S. 36 Gräfe & Unzer Verlag / Rynio, Jörn; S. 90 Gräfe & Unzer Verlag / Schütz, Anke, S. 51 Gräfe & Unzer Verlag / Winner, Katrin; S. 24/172 Great Stock!; S. 52 Immediate Media / Olive; S. 154 Kompanik, Hannah, S. 98 Luck, Alex; S. 66 Mondadori Portfolio / Giori, Stefania; S. 56 Morgans, Gareth; S. 7/118/134/48 News Life Media; S. 26 Parissi, Lucy; S. 1/7/62 PhotoCuisine; S. 94 Radvik, Fanny; S. 33 Ramanauskiene, Justina; S. 68 Schall, Ewgenija

Datenschutz
datenschutzanfrage@falkemedia.de

Verlag
falkemedia GmbH & Co. KG
Pahlblöken 15–17
24232 Schönkirchen
Tel. (0431) 200 766-00
HRA 8785 Amtsgericht Kiel

Druck
optimal media GmbH
www.optimal-media.com

1. Auflage Januar 2024
ISBN: 978-3-96417-283-9